T0197216

Marije Boonstra
IJsbrand Jepma

Lerenderwijs

Samen werken aan pedagogische kwaliteit in de kinderopvang

Met medewerking van
Olga Abell
Susanne de Kruif en Esmeralda Sweeris

Bohn
Stafleu
van Loghum

Houten, 2016

Eerste druk , Reed Business Education, Amsterdam
Tweede (ongewijzigde druk) Bohn Stafleu van Loghum, Houten 2016

Auteurs:
Marije Boonstra (CED-Groep)
IJsbrand Jepma (Sardes)
Met medewerking van:
Olga Abell (Sardes)
Susanne de Kruif en Esmeralda Sweeris (CED-Groep)

In opdracht van:
Bureau Kwaliteit Kinderopvang (BKK)
Financiering:
ministerie van Sociale Zaken en Werkgelegenheid (SZW)

ISBN 978-90-368-1292-4   ISBN 978-90-368-1293-1 (eBook)
DOI 10.1007/978-90-368-1293-1

NUR 854, 847
Basisontwerp omslag en binnenwerk: Verheul Communicatie, Alphen aan den Rijn
Redactie: Addie Roetman
Fotografie: Ruben Keestra, Rodney Kersten, Kindercentrum 't Kickertje en Ed Selhorst

Bohn Stafleu van Loghum
Het Spoor 2
Postbus 246
3990 GA Houten

www.bsl.nl

Woord vooraf

Pedagogisch begeleiden is een mooi vak, ik heb die job vele jaren met plezier gedaan en het heeft me enorm veel voldoening gegeven om pedagogisch medewerkers te ondersteunen in het belangrijke werk dat ze doen met jonge kinderen en ouders. Als ik nog eens op bezoek ga in één van die instellingen waar ik jaren geleden coach was, valt me telkens weer op hoe de hele werking veranderd is. Ze zijn erin geslaagd om een cultuur in het kinderdagverblijf te creëren waarin verandering als iets heel gewoons wordt ervaren. De pedagogische werking wordt op teambijeenkomsten eerst zichtbaar maakt, dan kritisch besproken om daarna de pedagogische werking te gaan veranderen en verbeteren. Deze manier van werken heeft hen tot een lerende organisatie omgevormd. Dit contrasteert sterk met opvangvoorzieningen waar manieren van werken met kinderen en ouders vastliggen in strakke procedures die van bovenaf opgelegd zijn. Daar verandert er in de dagelijkse werking meestal weinig, wat kwaliteitsvolle opvang zou moeten zijn werd ooit door experts vastgelegd en wordt jaar na jaar gereproduceerd.

Een vraag die me al mijn hele loopbaan bezighoudt, eerst als pedagogisch coach en later als onderzoeker, is: Wat maakt dat pedagogisch medewerkers openstaan voor verandering? Een tijd geleden besloot ik daarom om die processen van verandering te gaan bestuderen. Ik heb daarbij gefocust op pedagogisch medewerkers van kinderopvangvoorzieningen die door collega's als *actors of change*, als actoren van verandering gezien werden. Je kent ze wel, die medewerkers die een voortrekkersrol nemen en zich kiplekker voelen in een proces van verandering binnen het kinderdagverblijf. Uit interviews die ik met hen had, bleek dat deze ondernemende pedagogisch medewerkers niet in elke kinderopvangorganisatie waar ze hadden gewerkt, deze rol van actoren van verandering op zich namen. Zij deden dit alleen als ze werkten in voorzieningen met een vlakke structuur, waarin ze voldoende autonomie kregen. Later was ik betrokken bij het Europees onderzoeksproject CoRe, dat naging welke competenties nodig zijn om te werken in voorzieningen voor jonge kinderen. Casestudies uit Italië, Frankrijk, Vlaanderen en Denemarken bevestigden hoe belangrijk deze vlakke democratische structuur is om pedagogisch medewerkers de kansen te geven om hun competenties te ontwikkelen. Maar niet alleen een vlakke structuur binnen het team is volgens CoRe belangrijk, de hele kinderopvangorganisatie moet een lerende cultuur opbouwen, en om dit te realiseren zijn leadership, visieontwikkeling en het samen werken aan het omschrijven van een missie belangrijke tools. Maar CoRe stelde ook vast dat er ook op het niveau van grote kinderopvangorganisaties en van het beleid een lerende houding nodig is, om het werk van die pedagogische medewerker te ondersteunen: het zogenaamde 'competente systeem'.

Ondertussen was het boek *Permanent leren* verschenen, waarin heel concrete handvatten werden gegeven over hoe je een lerend team kunt worden. Mijn eigen organisatie ging ook aan de slag om een instrument te maken, 'Wanda', dat het pedagogisch coachen vormgaf, vertrekkend vanuit de onderzoeken die we vanuit de vakgroep en VBJK hadden gedaan. Op teamniveau waren er dus bruikbare instrumenten ontwikkeld, maar er was nog behoefte aan een boek dat alle aspecten van het 'competent systeem' opnam, een handboek dat alle bouwstenen van de lerende organisatie omvatte en in een begrijpelijke, direct bruikbare vorm zou worden uitgegeven. Toen Carla Bienemann van Bureau Kwaliteit Kinderopvang (BKK) me voorstelde om deel te nemen aan de begeleidingscommissie voor het ontwikkelen van een boek over de bouwstenen van de lerende organisatie heb ik dan ook meteen 'ja' gezegd. Naarmate het project 'Lerenderwijs. Samen werken aan pedagogische kwaliteit in de kinderopvang' vorderde, groeide ook mijn enthousiasme. De auteurs van *Lerenderwijs* konden een beroep doen op de ervaringen van het 'Interactief praktijkonderzoek naar elf lerende organisaties in de kinderopvang', een pilotproject dat in 2012 door BKK met steun van het ministerie van Sociale zaken en Werkgelegenheid werd uitgevoerd.

De link met de elf pilotorganisaties is naar mijn mening de kracht van dit boek. De medewerkers van de kinderdagopvangorganisaties die meededen aan de pilots hebben prachtige voorbeelden opgetekend van hoe een lerende organisatie werkt. Elk hoofdstuk van *Lerenderwijs* begint met inspirerende verhalen uit de pedagogische praktijk van de kinderopvang. Bovendien wordt er voortdurend verwezen naar andere publicaties: de vier Pedagogisch kaders en tal van andere uitgaven die de coach of de leidinggevende kunnen helpen haar professionaliseringsbeleid via het opzetten van een lerende organisatie vorm te geven. *Lerenderwijs* gaat dus veel verder dan pedagogisch begeleiden; het geeft tips over hoe je een lerende organisatie moet structureren, hoe je een open en veilige cultuur opbouwt, hoe je de innovatie kunt monitoren en evalueren. Bij het lezen was ik ook onder de indruk van de gedegen literatuurstudie waarop dit boek is gebaseerd.

De auteurs zijn niet alleen heel dicht bij de praktijk gebleven, wat ze vertellen is ook wetenschappelijk bijzonder goed onderbouwd. Het is bovendien prettig vast te stellen dat dezelfde accenten gelegd worden als in de onderzoeken waar ikzelf bij betrokken was: vlakke democratische structuur, belang van leiderschap en kritische reflectie…

Beste lezer, je merkt zonder twijfel mijn enthousiasme voor deze uitgave: *Lerenderwijs. Samen werken aan pedagogische kwaliteit in de kinderopvang.* Het is een boek waarmee pedagogische begeleiders en coaches zonder twijfel aan de slag kunnen. Het is een boek dat geschreven moest worden, met dank aan Marije Boonstra en IJsbrand Jepma, de auteurs en aan Carla Bienemann en het team van BKK om dit waar te maken.

Jan Peeters
Directeur VBJK, Vernieuwing Basisvoorzieningen voor Jonge Kinderen
Universiteit Gent

Inhoud

Inleiding 11

› Kan elke organisatie lerend worden?
› Pilot 'Lerende organisatie in de kinderopvang'
› Lerende organisatie in de praktijk
› Voor wie is dit boek?
› Praktijkboek in drie delen
› Opbouw en leeswijzer

HOOFDSTUK 1
De kinderopvang als lerende
organisatie 15

› Een lerende organisatie worden kost tijd
› Model van de lerende organisatie
› Waar begin je?
› Meerwaarde van een lerende organisatie
› Theorie van de lerende organisatie
  › De vijf disciplines
  › Systeemdenken
  › Het competente systeem

HOOFDSTUK 2
Faciliteren van een lerende
organisatie 21

› Draagvlak
› Financiële middelen
› Tijd
› Stabiliteit
› Organisatiestructuur
› Een kwestie van doen

Deel I De pedagogische taak

HOOFDSTUK 3
De pedagogisch medewerker ... 27

› Samenhang met andere bouwstenen
› Wat zijn de uitgangspunten?
› Waar sta je nu?
› Wat kun je doen?
  › Leer reflecteren
  › Laat je medewerkers hun kwaliteiten benoemen
  › Leg mentale modellen bloot
  › Zoek de zone van de naaste ontwikkeling
  › Stimuleer persoonlijk meesterschap
  › Maak de stappen in het ontwikkelingstraject kleiner
  › Breng leerstijlen in kaart
› Inspiratie
  › Leren van elkaar
  › Lief dagboek
› Samengevat

HOOFDSTUK 4
Het team 35

› Samenhang met andere bouwstenen
› Wat zijn de uitgangspunten?
› Waar sta je nu?
› Wat kun je doen?
  › Voer dialoog en discussie
  › Consulteer collega's
  › Zorg voor heterogene teams
  › Laat medewerkers eens wisselen van werkplek
  › Betrek iedereen bij het leerproces en de veranderingen
  › Stimuleer initiatief en creatieve ideeën
› Inspiratie
  › Onrust op de groep
  › Diversiteit in je team
› Samengevat

Deel II Organisatie in
ontwikkeling

HOOFDSTUK 5
Pedagogisch leiderschap 45

› Samenhang met andere bouwstenen
› Wat zijn de uitgangspunten?
› Waar sta je nu?

› Wat kun je doen?
  › Zorg voor een vertrouwensbasis
  › Reserveer ruimte en tijd voor pedagogische gesprekken
  › Spreek hoge verwachtingen uit naar de medewerkers
  › Leef waarden en goed gedrag voor
  › Spreek pedagogisch medewerkers aan op hun gedrag
  › Coach pedagogisch medewerkers
› Inspiratie
  › Datagestuurd verbeteren van veiligheid in groepsruimte
  › Intervisie over autonomie en zelfstandigheid
› Samengevat

HOOFDSTUK 6
Monitoren en evalueren: waar
staan we? 51

› Samenhang met andere bouwstenen
› Wat zijn de uitgangspunten?
  › Monitoren als cyclisch proces
  › Systematisch gegevens vastleggen
› Waar sta je nu?
› Wat kun je doen?

> Gebruik gegevens die je al hebt
> Gebruik gegevens over kinderen
> Bepaal je standaard
> Stimuleer planmatig handelen en denken
> Zie fouten en klachten als verbeterkansen
> Verbeter, verander en vernieuw!
> Inspiratie
> > Kinderen observeren aan de hand van competen-
> > ties
> > Monitoren en evalueren als gastouderbureau
> Samengevat

HOOFDSTUK 7
Innoveren: vernieuwing is welkom 59

> Samenhang met andere bouwstenen
> Wat zijn de uitgangspunten?
> Waar sta je nu?
> Wat kun je doen?
> > Schep een sfeer van urgentie
> > Creëer draagvlak en betrokkenheid
> > Maak een flitsende start
> > Zet kleine stapjes
> > Maak innoveren leuk
> > Vier je successen
> > Monitor en evalueer de voortgang
> > Huur zo nodig externe ondersteuning in
> Inspiratie
> > Taalwinst boeken door bewustere inzet speelgoed
> > Verbeteren van de educatieve functie van de kinderopvang
> Samengevat

HOOFDSTUK 8
Professionaliseren: planmatig en borgend 67

> Samenhang met andere bouwstenen
> Wat zijn de uitgangspunten?
> > Legitimering
> > Teamleren
> > Professionaliseringsmodel
> > Borging
> Waar sta je nu?
> Wat kun je doen?
> > Organiseer het leren op de werkplek
> > Doe aan organisatieleren
> > Bevorder een positief professionaliseringsklimaat
> > Schep leerstructuren binnen de organisatie
> > Benut de expertise die er al is
> > Maak van tevoren een borgingsplan
> > Leg het professionaliseringsbeleid vast
> Inspiratie
> > Video-interactiebegeleiding inzetten
> > Opbloeiende locaties door inspirerende training
> Samengevat

HOOFDSTUK 9
Structureren: flexibel en organisch 75

> Samenhang met andere bouwstenen
> Wat zijn de uitgangspunten?
> Waar sta je nu?
> Wat kun je doen?
> > Werk aan een zo plat mogelijke organisatiestructuur
> > Houd de lijnen binnen de organisatie kort

- › Verdeel taken en verantwoordelijkheden duidelijk
- › Creëer een efficiënte en interactieve vergadercultuur
- › Geef ruimte aan initiatieven van de werkvloer
- › Inspiratie
  - › Ontwikkelteam: gedragsprotocol bij ruzies tussen kinderen
  - › Pedagogisch documenteren: omgaan met kinderen met een beperking
- › Samengevat

HOOFDSTUK 10
Cultuur opbouwen: open en veilig 83

- › Samenhang met andere bouwstenen
- › Wat zijn de uitgangspunten?
- › Waar sta je nu?
- › Wat kun je doen?
  - › Ga met je medewerkers in dialoog
  - › Speel vragen en problemen van medewerkers terug
  - › Zet feedback op de agenda
  - › Spreek allemaal dezelfde taal
  - › Creëer een veilige omgeving om te leren
- › Inspiratie
  - › Ook ouders hebben mentale modellen
  - › Goed voorbeeld doet goed volgen
- › Samengevat

HOOFDSTUK 11
Visie, missie en doelen: natuurlijk je richtsnoeren 89

- › Samenhang met andere bouwstenen
- › Wat zijn de uitgangspunten?
- › Waar sta je nu?
- › Wat kun je doen?
  - › Formuleer samen een visie, missie en doelen
  - › Zorg dat visie, missie en doelen bekend zijn
  - › Sta periodiek stil bij visie, missie en doelen
- › Inspiratie
  - › Train de trainer: werken met nieuwe media
  - › Kinderparticipatie om pesten voor te zijn
- › Samengevat

Deel III Open naar buiten

HOOFDSTUK 12
Partnerschap met ouders 97

- › Samenhang met andere bouwstenen
- › Wat zijn de uitgangspunten?
- › Waar sta je nu?
- › Wat kun je doen?
  - › Stel een projectgroep samen (stap 1)
  - › Bereid het onderwerp voor (stap 2)

  › Stel een projectplan op (stap 3)
  › Formuleer een visie en missie (stap 4)
  › Vertaal visie en missie in ouderbeleid (stap 5)
  › Borg het partnerschap in de praktijk (stap 6)
  › Evalueer het ouderbeleid (stap 7)
› Inspiratie
  › Engels spreken in het kinderdagverblijf
  › Kwaliteiten en talenten van ouders benutten
› Samengevat

HOOFDSTUK 13
Relatie met ketenpartners 105

› Samenhang met andere bouwstenen
› Wat zijn de uitgangspunten?
› Waar sta je nu?
› Wat kun je doen?
  › Leg verbindingen met het basisonderwijs
  › Leg verbindingen met de zorginstellingen
  › Leg verbindingen met het beroepsonderwijs
  › Leg verbindingen met de wetenschap
  › Doe actieonderzoek
› Inspiratie
  › Kritische vriend: omgaan met diversiteit
  › Actieonderzoek naar aanbod in verticale groepen
› Samengevat

Samenhang van de
bouwstenen 115

Literatuur 118

Geraadpleegde websites 123

Dankwoord 124

Over de auteurs 126

Inleiding

In dit boek lees je hoe je de pedagogische kwaliteit van je kinderopvangorganisatie kunt vergroten door een lerende organisatie te worden. Samen leren en werken binnen het team, je als organisatie al lerend ontwikkelen en openstaan naar buiten toe, dat zijn de centrale thema's van dit boek. Hoewel de kinderen – om wie het in de kinderopvang draait – hier op het eerste gezicht minder centraal staan dan in de verschillende delen van het Pedagogisch kader, zijn zij juist de belangrijkste reden om energie te steken in de lerende organisatie. Werken aan een lerende organisatie komt namelijk uiteindelijk ten goede aan de kinderen en hun ouders.

Kan elke organisatie lerend worden?

Dé lerende organisatie bestaat niet. Kinderopvangorganisaties die als lerende organisatie werken, kunnen daarvoor verschillende leerwegen kiezen. Er is geen blauwdruk en uit dit boek blijkt ook duidelijk dat er veel soorten lerende organisaties zijn, in diverse verschijningsvormen. Vul het werken aan een lerende organisatie daarom op je eigen manier in.

Hoeveel vrijheid en keuzemogelijkheden de invulling ook biedt, werken aan de lerende organisatie is en blijft een grote uitdaging, die jou en je team energie gaat kosten. De ontwikkeling naar een lerende organisatie verloopt niet volgens een rechte lijn, maar schoksgewijs, met vallen en opstaan. Het vraagt lef om te beginnen en al werkend te ontdekken wat nodig is om een volgende stap te zetten op het pad naar de lerende organisatie. Gebruik dit boek als handreiking en ga de uitdaging aan, want uiteindelijk betaalt alle moeite zich dubbel en dwars terug.

Pilot 'Lerende organisatie in de kinderopvang'

Het BKK stimuleert de lerende organisatie in de kinderopvang. Elf kinderopvangorganisaties kregen in 2012 in een pilot de gelegenheid om activiteiten die passen bij de lerende organisatie, te bedenken en uit te voeren. De CED-Groep en Sardes hebben de pilot gevolgd en de resultaten ervan verzameld in praktijkgericht onderzoek. Vervolgens hebben zij vervolgonderzoek gedaan naar de manier waarop de kinderopvangorganisaties de

werkwijzen en resultaten hebben verankerd en geborgd (Boonstra & Jepma, 2013; Jepma & Boonstra, 2013). Dit leverde een rijkgeschakeerd beeld op van wat een lerende organisatie in de kinderopvang kan zijn. We weten nu nog beter op hoeveel verschillende manieren je daaraan kunt werken. Verder is duidelijker geworden wat het oplevert als je aan een lerende organisatie werkt.

De elf kinderopvangorganisaties die hebben meegedaan aan deze BKK-pilot, stonden aan de wieg van de lerende organisatie in de kinderopvang. Hun kennis, manieren van aanpak, ervaringen, opvattingen en verhalen zijn van grote waarde geweest voor dit boek. Hun komt alle lof toe. Ze hebben aan de frontlinie van een nieuwe ontwikkeling gestaan en daarmee laten zien dat ze de spirit hebben om een lerende organisatie te zijn.

Lerende organisatie in de praktijk

In dit boek lees je hoe je de lerende organisatie in praktijk brengt. Waar begin je, waarop moet je letten? Wat doe je wel, en wat kun je beter niet doen? Daarbij wordt steeds de verbinding gelegd met de inhoudelijke basis voor pedagogische kwaliteit, die is beschreven in het *Pedagogisch kader*:
› Singer, E. & L. Kleerekoper (2009). *Pedagogisch kader kindercentra 0-4 jaar*. Elsevier gezondheidszorg, Maarssen.
› Schreuder, L., Boogaard, M., Fukkink, R. & J. Hoex (2011). *Pedagogisch kader kindercentra 4-13 jaar*.

Springplank naar een gefundeerde aanpak in de bui-tenschoolse opvang. Reed Business, Amsterdam.

> Keulen, A. van & E. Singer, m.m.v. A. del Barrio Saiz & C. de Leve (2012). *Samen verschillend. Pedagogisch kader diversiteit in kindercentra 0-13 jaar.* Reed Business, Amsterdam.

> Boogaard, M., Hoex, J., Daalen, M. van & M. Gevers (2013). *Pedagogisch kader gastouderopvang.* Reed Business Education, Amsterdam.

Je vindt in dit boek veel verwijzingen naar methodieken en goede praktijkvoorbeelden. Die bieden handvatten voor hoe je een lerende organisatie wordt. Je leest steeds hoe je vanuit het gedachtegoed van de lerende organisatie de pedagogische kwaliteit kunt verbeteren. De lerende organisatie is daarbij het middel en de pedagogische kwaliteit is het doel. Met de ideeën van de lerende organisatie kun je overigens ook aan andere doelen werken, zoals verantwoord personeelsbeleid, winstoptimalisering, sterkere profilering in de markt of versterking van je concurrentiepositie. Dit zijn ook legitieme doelen, maar in dit boek staan ze niet centraal.

Dit boek heet *Lerenderwijs*, omdat het laat zien hoe kinderen én kinderopvangorganisatie al lerend (en spelend) slimmer en wijzer worden.

Voor wie is dit boek?

In de eerste plaats is dit boek gemaakt voor het middenmanagement van de kinderopvang, leiding-gevenden in de dagopvang, buitenschoolse opvang en gastouderopvang, die een begin willen maken met de lerende organisatie. Zij krijgen praktische handvatten om de bestaande pedagogische praktijk te verfijnen, te verbreden of te verdiepen met kennis en inzichten uit de lerende organisatie. In dit boek wordt vooral gesproken over 'organisaties', waarin leidinggevenden meestal leidinggeven aan een of meer locaties. Afhankelijk van de reikwijdte en autonomie van je baan kun je voor 'organisatie 'ook 'locatie' lezen.

De leidinggevenden in de kinderopvang worden in dit boek aangesproken met 'je' en 'jij'. Omdat het meestal vrouwen zijn die deze functie vervullen, schrijven we 'zij' en 'haar'.

KENNIS

Pedagogische kwaliteit

De lerende organisatie is een middel om de pedagogische kwaliteit van de kinderopvang verder te ontwikkelen. In de Wet kinderopvang en kwaliteitseisen peuterspeelzalen staat dat die pedagogische kwaliteit bestaat uit vier onderdelen of basisdoelen:

> *emotionele veiligheid bieden*: dit kan de kinderopvang bereiken met vaste en sensitieve verzorgers (die bijvoorbeeld een respectvolle houding tonen en kinderen uitnodigen om mee te doen), vaste beroepskrachten en bekende leeftijdgenoten en door de omgeving (binnen en buiten) kindvriendelijk en veilig in te richten;

> *persoonlijke competentie versterken*: de kinderopvang kan het zelfvertrouwen en de zelfstandigheid van kinderen versterken door pedagogisch medewerkers die exploratie en spel kunnen uitlokken en begeleiden;

> *sociale competentie versterken*: de kinderopvang kan sociale kennis en vaardigheden stimuleren, zoals anderen helpen en conflicten voorkomen. Pedagogisch medewerkers kunnen dit doen door kinderen te ondersteunen in hun interactie met andere kinderen;

> *normen en waarden overdragen*: deze zijn belangrijk om kinderen te laten ingroeien in de cultuur en in de samenleving. Pedagogisch medewerkers dragen hieraan bij door te handelen vanuit afspraken, regels en omgangsvormen.

Het *Pedagogische kader* staat vol aanwijzingen om aan deze vier basisdoelen te werken.

Praktijkboek in drie delen

Dit boek bestaat uit drie inhoudelijke delen. Ze hangen met elkaar samen en zijn allemaal direct of indirect gerelateerd aan de kwaliteit van het primair proces: de pedagogische praktijk.

De delen worden voorafgegaan door twee hoofdstukken over de lerende organisatie. Hoofdstuk 1 (De kinderopvang als lerende organisatie) bevat de theorie van de lerende organisatie en een model van de kinderopvang als lerende organisatie. Daarin zie je dat de pedagogische kwaliteit in de kern staat en dat alle 'bouwstenen' van de lerende organisatie eromheen gegroepeerd zijn. Hoofdstuk 2 (Faciliteren van een lerende organisatie) behandelt de faciliteiten die nodig zijn om een lerende organisatie op te zetten.

Deel I gaat over de pedagogisch medewerkers en het team dat ze samen vormen. Samen zijn ze voor een groot deel verantwoordelijk voor het leveren, verbreden en borgen van hoge pedagogische kwaliteit voor de kinderen.

In deel II staat de organisatie centraal. Daarin gaat het om pedagogisch leiderschap, monitoren en evalueren, professionaliseren, innoveren, structureren, een ontvankelijke cultuur opbouwen en werken vanuit de visie, missie en doelen, omdat dit dragende onderdelen zijn van de lerende organisatie. De leidinggevende wordt hierbij gezien als de sleutelfiguur: de lerende organisatie valt of staat met haar capaciteiten en inzet. Zij geeft richting aan de lerende organisatie door de voortgang en ontwikkeling in alle onderdelen (hierna: bouwstenen) ervan te monitoren en evalueren, en van daaruit de richting te bepalen.

Deel III bevat informatie over de omgeving waarmee kinderopvangorganisaties verbonden zijn. In de eerste plaats zijn dit de ouders, en daarnaast heeft de kinderopvang te maken met ketenpartners zoals het basisonderwijs, de zorginstellingen, het beroepsonderwijs en de wetenschap.

Opbouw en leeswijzer

Dit boek bevat elf inhoudelijke hoofdstukken over de bouwstenen voor de lerende organisatie: de pedagogisch medewerker; het team; pedagogisch leiderschap; monitoring en evaluatie; professionalisering; innovatie;

structuur; cultuur; visie, missie en doelen; partnerschap met ouders; relatie met ketenpartners.

Elk inhoudelijk hoofdstuk is op eenzelfde manier opgebouwd. Het begint met een praktijkvoorbeeld. Dan volgt een inleidende tekst over de bouwsteen die in het hoofdstuk centraal staat. Daarna komt de paragraaf 'Samenhang met andere bouwstenen', die schetst hoe de bouwsteen in het hoofdstuk in relatie staat tot de andere bouwstenen van de lerende organisatie. In de paragraaf 'Wat zijn de uitgangspunten?' kun je per onderdeel nagaan waar jij of jullie organisatie staat. Daar haakt de volgende paragraaf, 'Waar sta je nu?', bij aan. De paragraaf 'Wat kun je doen?' biedt handige praktijktips. Dit is dan ook de meest praktische paragraaf van de hoofdstukken. In de paragraaf 'Inspiratie' vind je steeds twee inspirerende praktijkvoorbeelden uit de dagopvang, de buitenschoolse opvang of de gastouderopvang. Soms is dit een geanonimiseerd voorbeeld uit de praktijk, maar meestal zijn het fictieve situaties. Elk hoofdstuk sluit af met een beknopte samenvatting.

Lerenderwijs is een gebruiksboek. Daarom zijn tal van gekleurde kaders opgenomen die je inspiratie en handvatten bieden om met de lerende organisatie aan de slag te gaan:
› kenniskaders in blauw: bevatten kennis uit de (inter) nationale literatuur;
› reflectiekaders in donkerrood: nodigen je uit om vanuit vogelperspectief te kijken naar je eigen gedrag en het gedrag van je medewerkers of de ouders of naar hoe jouw organisatie of locatie functioneert.
› borgingkaders in paars: bieden je handvatten om de gewenste praktijken te verankeren op je locatie of in je organisatie.
› pedagogisch-kaderkaders in oranje: verwijzen je naar achtergrondinformatie in het *Pedagogisch kader*.

Veel plezier en inspiratie in jouw lerende organisatie!

De kinderopvang als lerende organisatie

Het begrip 'lerende organisatie' klinkt misschien een beetje vaag. Hoe kan een organisatie leren? Dieren kunnen leren, mensen kunnen leren, maar organisaties? Is een organisatie bijvoorbeeld lerend als de mensen daarin jaarlijks op cursus gaan? Of als ze stageplekken biedt aan mensen die nog in opleiding zijn? Of als de medewerkers hun vakliteratuur bijhouden? Nee, daar is meer voor nodig; alleen door je medewerkers te professionaliseren, word je geen lerende organisatie. Hoe moet dat dan wel, en minstens zo belangrijk: waarom zou je het eigenlijk willen?

Een lerende organisatie worden kost tijd

In dit boek vind je praktische tips om te werken aan de lerende organisatie in je eigen kinderdagverblijf, buitenschoolse opvang of gastouderopvang. Een belangrijke boodschap hierbij is dat je niet simpelweg een lerende organisatie kunt worden door een interventie, training of cursus. Een lerende organisatie ontstaat vanuit continue aandacht voor het leervermogen van je organisatie en de mensen in die organisatie. Dit vraagt een cultuuromslag, en cultuuromslagen zijn langdurige processen die blijvende aandacht nodig hebben. Vergelijk het met gezonder gaan eten: hoe verleidelijk en makkelijk is het niet om terug te vallen in je oude patronen? Gelukkig kun je klein beginnen (eerst eens een appel tussendoor in plaats van die gevulde koek) en hoef je niet in één keer je hele eetpatroon aan te passen. Dat geldt ook voor de lerende organisatie: begin klein en bouw langzaam verder aan het leervermogen van je organisatie en je medewerkers. Of (vrij vertaald naar West, 1994): je kunt je de lerende organisatie het beste voorstellen als een reis, en niet als een bestemming.

Model van de lerende organisatie

In de pilotprojecten 'Lerende organisatie in de kinderopvang' hebben de deelnemende organisaties op veel verschillende manieren gewerkt aan de lerende organisatie. Deze manieren waren vaak gebaseerd op bouwstenen van de lerende organisatie die eerder zijn beschreven in de (wetenschappelijke) literatuur. De bouwstenen in de hoofdstukken van dit boek zijn gekozen op basis van zowel die literatuur als de opbrengsten van het praktijkonderzoek naar de pilotprojecten. In het model hierna zie je de bouwstenen en de hoofdstukken waarin ze aan de orde komen:

Dit model laat zien dat een lerende organisatie draait om de pedagogische kwaliteit en dat ze is opgebouwd uit drie niveaus. Elk niveau bevat een aantal bouwstenen. Het eerste niveau wordt gevormd door de individuele pedagogisch medewerkers en het team, en is beschreven in deel I: 'De pedagogische taak'. Het tweede niveau beslaat twee cirkels in het model. Alle bouwstenen hiervan vind je in deel II: 'Organisatie in ontwikkeling' van dit praktijkboek. Het derde niveau omvat de omgeving van

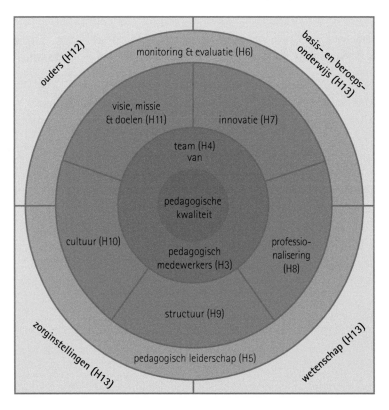

de kinderopvangorganisatie en de partners waarmee ze samenwerkt. Daarover lees je in deel III: 'Open naar buiten'.

Deze drie niveaus zijn in de lerende organisatie nauw met elkaar verbonden. Die verbindingen tussen de niveaus zijn ook nodig om een pedagogische kwaliteitsslag te maken. De pedagogisch medewerkers en het team (het eerste niveau) vormen het menselijk kapitaal en de kern van de organisatie: zij leveren de pedagogische kwaliteit. De medewerkers hebben directe invloed op de ontwikkeling van de kinderen, want ze staan dagelijks met hen in contact. Als je de pedagogische kwaliteit wilt verbeteren, moet je dus vooral ingrijpen op het niveau van de pedagogisch medewerkers, in de groep.

De organisatie (het tweede niveau, dat in het model twee cirkels beslaat) bepaalt de werkomgeving van het team van de pedagogisch medewerkers. De bouwstenen hierbinnen raken indirect aan het werken op de groep, maar worden vooral groepsoverstijgend georganiseerd. Als een kindcentrum als een lerende organisatie is ingericht, dan ondersteunt en stimuleert de organisatie het werken op de groep, en maakt zich zo dienstbaar aan de pedagogische kwaliteit.

De omgeving en de samenwerkingspartners (het derde niveau) liggen buiten het kindcentrum, maar komen op allerlei manieren binnen. Om een goede dienstverlening te kunnen bieden, moet de organisatie afstemming en samenwerking zoeken met de ouders en met andere ketenpartners uit de omgeving.

Waar begin je?

Voordat je weet waar je kunt beginnen met bouwen aan de lerende organisatie, moet je weten hoe je organisatie nu in elkaar steekt. Je weet dat je iets anders wilt, maar wat wil je precies en hoe ga je dat bereiken? Je kunt alleen maar leren als je kunt voortbouwen op wat je al weet. Daarom wordt het uitgangspunt voor de lerende organisatie gevormd door drie vragen:

› Waar sta ik nu?
› Waar wil ik heen?
› Hoe kom ik daar?

Deze vragen vormen de kern van een cyclische manier van denken en werken, die je in verschillende vormen kunt tegenkomen. Binnen de wetenschap heet die

manier van denken de regulatieve cyclus, in andere bedrijfstakken hoor je termen als PDCA-cyclus (*Plan, Do, Check, Act*) en *feedback loop*. In hoofdstuk 6 (Monitoren en evalueren: waar staan we?) lees je meer over deze manier van denken en werken.

KENNIS

Zes geboden voor een lerende organisatie

› Creëer voortdurend kansen om te leren.
› Stimuleer dialoog en moedig het stellen van vragen aan.
› Moedig samenwerken en teamleren aan.
› Ontwikkel systemen om het geleerde vast te houden en te delen.
› Geef mensen de mogelijkheid en de kracht om hun visie te delen.
› Verbind de organisatie met de omgeving.

Bron: Watkins & Marsick (1993).

Meerwaarde van een lerende organisatie

Waarom zou je eigenlijk een lerende organisatie willen worden? Bereik je er meer mee dan met een niet-lerende organisatie? Vergroot je er bijvoorbeeld de pedagogische kwaliteit op de groepen mee? Krijg je er meer ouders mee naar je kinderdagverblijf? Werken aan een lerende organisatie komt zeker ten goede aan de pedagogische kwaliteit. Je kunt de pedagogische inhoud, zoals beschreven in het *Pedagogisch kader*, makkelijker implementeren als je werkt volgens de principes van de lerende organisatie. Maar hoe werkt dat dan? De pedagogisch medewerkers, leidinggevenden en projectleiders die betrokken waren bij de pilot 'Lerende organisatie in de kinderopvang' van BKK in 2012 hebben hier licht op geworpen met de resultaten die ze rapporteerden uit de pilot. Dit merkten ze bijvoorbeeld op:

› Pedagogisch medewerkers kijken beter naar individuele kinderen, overleggen meer met elkaar over de aanpak en stemmen deze beter af op de ontwikkelingsbehoeften van de kinderen.
› Pedagogisch medewerkers gaan bewuster met hun dagelijks werk om en doen minder op de automatische piloot.

Hoofdstuk 1 17 De kinderopvang als lerende organisatie

› Pedagogisch medewerkers reflecteren meer en beter, waardoor ze bijvoorbeeld zicht krijgen op hun eigen kwaliteiten en hun scholingsbehoefte.
› Er is sprake van meer openheid en veiligheid binnen de teams, waardoor pedagogisch medewerkers meer overleggen en hun werk beter afstemmen op de behoeften van de kinderen.
› Er wordt meer feedback gegeven, waardoor medewerkers weten wat ze anders kunnen doen.
› Leidinggevenden kijken en luisteren beter naar hun medewerkers, waardoor deze zich meer gehoord en gezien voelen. Dit leidt tot meer betrokkenheid en verantwoordelijkheidsgevoel bij de pedagogisch medewerkers.
› Pedagogisch medewerkers gaan zelf aan de slag om antwoorden op hun vragen te krijgen, om oplossingen voor problemen en klachten te vinden en om veranderingen op gang te krijgen.
› De sfeer op de groepen is beter, opener en veiliger.

Het kan niet anders of deze opbrengsten vertalen zich in een verhoging van de pedagogische kwaliteit die geboden wordt aan de kinderen. Ouders merken dit op, omdat hun kinderen tevreden thuiskomen van het dagverblijf en omdat ook zijzelf meer gezien en gehoord worden.

REFLECTIE

Waarom zou je een lerende organisatie willen worden?

Je kunt om allerlei redenen een lerende organisatie willen worden, bijvoorbeeld omdat je:
› streeft naar betere prestaties;
› de (pedagogische) kwaliteit wilt verbeteren;
› beter wilt inspelen op behoeften van kinderen en hun ouders;
› een voorsprong op je concurrent wilt houden;
› energieke, toegewijde medewerkers wilt;
› veranderingen in de organisatie goed wilt managen;
› nu eenmaal met je tijd mee moet;
› beseft dat je binnen je organisatie van elkaar afhankelijk bent.

Kun je nog meer redenen bedenken om een lerende organisatie te worden?

Bron: Senge e.a. (1995).

Hun tevredenheid over de dienstverlening zal toenemen en zij zullen aan andere ouders vertellen hoe tevreden ze zijn en waarom. Zo draagt de lerende organisatie bij aan klantenwerving. Uit internationaal onderzoek blijkt ook dat werken volgens de principes van de lerende organisatie bijdraagt aan betere organisatieprestaties (Jashapara, 2003).

Theorie van de lerende organisatie

Het begrip lerende organisatie ontstond in de jaren negentig van de vorige eeuw. Een van de eersten die het begrip introduceerden, was Peter Senge, een Amerikaanse bedrijfskundige. Hij schreef een baanbrekend boek over het onderwerp, dat in 1992 in vertaling uitkwam als *De vijfde discipline. De kunst en praktijk van de lerende organisatie*. Na het bedrijfsleven ontdekte ook het onderwijs de meerwaarde van de lerende organisatie. In 2001 verscheen in Nederland *Lerende scholen. Het vijfde discipline-handboek voor onderwijzers, ouders en iedereen die betrokken is bij scholing*. Dit handboek is ook nuttig en geschikt voor de kinderopvang. Senge definieert lerende organisaties als:

'organisaties waarin de mensen er steeds beter in worden om dat tot stand te brengen wat ze echt willen, die een voedingsbodem zijn voor nieuwe, steeds meeromvattende ideeën, waar een gezamenlijk streven mogelijk gemaakt wordt en waar mensen voortdurend leren hoe ze samen kunnen leren.' (Senge, 1992, p. 9)

Uit deze definitie spreekt duidelijk dat het jaarlijks scholen van je mensen niet voldoende is om een lerende organisatie te worden, hoewel professionalisering daar wel belangrijk voor is. Er is meer nodig om tot het idealistische organisatiebeeld te komen dat Senge beschrijft.

De vijf disciplines

Senge onderscheidt vijf pijlers voor een lerende organisatie. Hij noemt dit disciplines:
› *persoonlijk meesterschap*: weten wie je bent, wat je kunt, waar je staat en waar je heen wilt;
› *mentale modellen*: het interne beeld van de wereld dat je handelingen en beslissingen constant beïnvloedt. Je kunt pas leren als je zicht hebt op deze vaak onbewuste vooronderstellingen;

› *gemeenschappelijke visie*: samen visie en doelen ont-wikkelen bevordert saamhorigheid en drive;
› *teamleren*: via dialoog en gespreksvaardigheden transformeren kleine groepen mensen hun col-lectieve denken en mobiliseren ze hun energie en daadkracht om gemeenschappelijke doelen te bereiken;
› *systeemdenken*: de wederzijdse afhankelijkheid binnen je organisatie leren begrijpen, zodat je weet wat een ingezette verandering voor gevolg zal hebben. Systeemdenken is denken in structuren en processen.

Systeemdenken

Het systeemdenken is de vijfde pijler of discipline van de lerende organisatie. Senge vindt deze pijler zo belangrijk voor de lerende organisatie dat hij zijn boek *De vijfde discipline* heeft genoemd: het vormgeven van een lerende organisatie draait om deze pijler van het systeemdenken. Als je als leidinggevende onvoldoende zicht hebt op hoe de verschillende onderdelen en mensen in je organisatie met elkaar samenhangen en elkaar beïnvloeden, weet je niet wat het effect is van een verandering op een bepaald punt in de organisa-tie. Je weet dan niet wat het draaien aan een rad links onder in je systeem voor gevolgen heeft voor het rad rechtsboven. Kortom: je overziet dan onvoldoende wat de effecten zijn van de veranderingen die je inzet. Krijg je dit systeemdenken eenmaal in de vingers, dan sorteer je veel meer effect met de veranderingen die je inzet. Je kunt dan immers op voorhand (in grote lijnen) overzien wat dat effect zal zijn en hier dus beter op sturen. Systeemdenken is een manier van kijken naar de complexiteit van je organisatie: je zoomt voortdurend in en uit, zodat je zowel de details als het grote geheel in samenhang kunt zien (Jutten, 2007).

Het competente systeem

In een toonaangevend rapport over competenties in de kinderopvangbranche benadrukken ook Urban e.a. (2011) het systeemdenken. Zij onderscheiden hierbij verschillende niveaus van competentie: een competente pedagogisch medewerker, die werkt in een competent team, dat mee-draait in een competent kindercentrum. Dat kindercentrum functioneert weer binnen een groep van andere compe-tente kindercentra en binnen een competente bestuurlijke omgeving en gemeenschap. Al deze niveaus staan idealiter in voortdurende wisselwerking met elkaar en bepalen in samenhang de kwaliteit van de kinderopvang. Om te wer-ken aan een lerende organisatie, moet je die wisselwerking gaan zien en er gebruik van leren maken.

REFLECTIE

Het reizigers- en trekkersmodel

Je kunt op verschillende manieren kijken naar een lerende organisatie. Een bekend onderscheid is dat tussen het reizigers- en het trekkersmodel. In het *reizigersmodel* heb je een toekomstvisie en een duidelijke bestemming. Je gaat aan de hand van een gids via een uitgestippelde route naar een van tevoren bekend reisdoel. In het trekker-smodel heb je geen vastomlijnde toekomstvisie en is je einddoel niet van tevoren bekend. Je gaat samen op pad en ziet wel waar je uitkomt.

› Welk model heeft jouw voorkeur bij het wer-ken aan excellente kinderopvang?
› Zie je ook mogelijkheden om het reizigers- en trekkersmodel te combineren of met elkaar af te wisselen?

Bron: Swieringa & Wierdsma (1992).

HOOFDSTUK 2

Faciliteren van een lerende organisatie

Je wordt niet van de ene op de andere dag een lerend kinderdagverblijf, een leren-de buitenschoolse opvang of een lerende gastouderorganisatie. Dit geldt in de ruimste zin van het woord: je bent niet in een week een lerende organisatie, ook niet in een maand. Maar het geldt ook in een smallere betekenis van tijd; de uren die jijzelf en je medewerkers aan de ontwikkeling van een lerende organisatie be-steden. Op weg gaan naar een lerende organisatie vraagt om investeren. De lerende organisatie is ook geen einddoel; je moet altijd actief blijven om er een te worden en te blijven. En dat doe je met zijn allen: alleen dan kun je echt op weg naar die lerende organisatie.

Betekent dit dat je alleen een lerende organisatie kunt worden als je veel tijd, geld en capaciteit hebt? Dan ligt de keuze daarvoor in de huidige kinderopvangmarkt misschien niet voor de hand, want tijd en geld zijn schaars. Kun je niet klein beginnen en toch op weg gaan? Ja, dat kan zeker! Je hoeft niet je hele organisatie ondersteboven te halen en alles tegelijkertijd aan te pakken om op weg te gaan naar een lerende organisatie.

Als je stuurt op een lerende organisatie, kun je optimaal gebruikmaken van de creativiteit en kracht van je medewerkers. Doordat medewerkers in een lerende organisatie zich meer betrokken voelen bij hun werk en er ook meer verantwoordelijkheid voor nemen, denken ze eerder mee in het belang van de organisatie. Om dit te faciliteren en ondersteunen, moet voldaan zijn aan de volgende randvoorwaarden voor een lerende organisatie:

› draagvlak: onder de pedagogisch medewerkers en bij het management;
› financiële middelen;
› tijd, zowel in te besteden uren als in doorlooptijd;
› stabiliteit in de teamsamenstelling;
› een faciliterende organisatiestructuur.

Hieronder lees je meer over deze randvoorwaarden.

Draagvlak

Draagvlak is een heel belangrijke faciliterende factor voor een lerende organisatie. Willen je medewerkers niet mee bewegen in de richting van de lerende organisatie? Dan kun jij als leidinggevende nog zulke mooie ambities hebben, maar blijft het 'trekken aan een dood paard'. Aan draagvlak onder je medewerkers kun je echter wel werken. Je kunt dit creëren door de activiteiten af te stemmen op je medewerkers: waar gaan zij harder voor lopen en wat vinden zij leuk om te doen? Om hierin te slagen, moet je allereerst goed luisteren en kijken naar wat je medewerkers willen. Wat zijn hun dromen en wensen voor het kinderdagverblijf of de buitenschoolse opvang? Wat voor ondersteuningsbehoeften hebben de gastouders? Hoe zouden zij het anders willen (zie hoofdstuk 7 en 11)? Draagvlak bij pedagogisch medewerkers en gastouders creëer je ook door activiteiten niet te brengen als iets extra's wat ze in hun eigen tijd moeten doen. Hoe verder je komt in je lerende organisatie, hoe groter het beroep is dat je kunt doen op hun inzet, maar zorg er eerst voor dat wat je van ze vraagt, past in hun werktijd en vooral leuk en prettig is.

Niet alleen draagvlak bij je medewerkers is belangrijk, ook de steun van jouw leidinggevenden is cruciaal om de lerende organisatie te kunnen vormgeven (zie hoofdstuk 5, Pedagogisch leiderschap). Als die steun er niet vanzelfsprekend is, moet je die proberen te organiseren.

Financiële middelen

Misschien vraag je je af: 'Hoe kan ik nu plannen maken voor een lerende organisatie als ik een deel van mijn team moet laten gaan?' Een begrijpelijke vraag; in tijden van reorganisatie en sanering staat je hoofd meestal niet naar nieuwe dingen. Toch kun je ook met weinig middelen een start maken met de lerende organisatie en daarmee je basis versterken. In de BKK-pilot 'Lerende organisatie' vroegen kinderopvangorganisaties budgetten aan die varieerden van enkele duizenden euro's tot meer dan een ton. Die laatste aanvragers hadden ambitieuze plannen om de lerende organisatie meteen op alle lagen te implementeren. De aanvragers van kleine budgetten begonnen met een kleine stap, bijvoorbeeld fotoseries maken van de groepen, die de uitstraling en de visie van het kinderdagverblijf in beeld moesten brengen. Dat gaat als volgt: pedagogisch medewerkers maken de foto's en kijken met hulp van een fotograaf welke foto's de gewenste uitstraling en de visie van het dagverblijf het beste in beeld brengen. Die foto's worden op de website of op Facebook geplaatst en opgehangen op de groepen. Bij seizoenwisselingen kijken de pedagogisch medewerkers of de foto's nog up-to-date zijn of dat ze moeten worden aangepast. Dan staan ze er ook telkens bij stil of de uitstraling van de groepen nog past bij de visie. Kortom: dit is een simpele en leuke manier van monitoring en evaluatie (zie hoofdstuk 6, Monitoren en evalueren: waar staan we?), die weinig geld kost, maar bijdraagt aan het lerende vermogen van je organisatie. Heb je iets meer geld te besteden, dan kun je uiteraard breder aan de slag. Beginnen kun je altijd, want goed kijken en luisteren naar je medewerkers kost geen geld en werkt wel heel ondersteunend in de lerende organisatie.

Tijd

We noemen tijd en financiële middelen als twee aparte randvoorwaarden, omdat dit altijd gebeurt in de beschrijving van projecten en ontwikkelingen. Maar natuurlijk is tijd ook geld. Als jij je medewerkers tijd wilt geven om zich verder te ontwikkelen binnen werktijd, weet je dat dit geld kost. Helemaal zonder tijd en geld begin je dus weinig. Je hoeft echter niet elke week iedere medewerker urenlang vrij te roosteren, want veel van de activiteiten die bijdragen aan een lerende organisatie, kun je ook inpassen in de gewone gang van zaken. Bijvoorbeeld door ze te koppelen aan bestaande overlegstructuren en er dus uren voor in te zetten die medewerkers toch al krijgen om deel te nemen aan dat overleg. Ook het budget voor professionalisering kun je zo inzetten dat dit niet alleen bijdraagt aan de ontwikkeling van de individuele pedagogisch medewerkers, maar ook aan die van het team en je organisatie (zie hoofdstuk 8, *Professionaliseren: planmatig en borgend*).

In de inleiding van dit hoofdstuk zijn twee vormen van tijd onderscheiden: de uren die je medewerkers en jijzelf aan de ontwikkeling van de lerende organisatie kunnen besteden, en de doorlooptijd om een lerende organisatie te worden en te blijven. Die doorlooptijd is misschien nog wel belangrijker voor het tot stand komen van een lerende organisatie dan de besteedbare uren. Je bent niet van de ene op de andere dag een lerende organisatie, maar ook niet in een week of in een paar maanden. Bouwen aan een lerende organisatie is een geleidelijk proces, dat eigenlijk nooit klaar is: je blijft er altijd mee bezig. Wel kost het uiteraard in de loop van de tijd minder energie en inspanning – en dus minder tijd! – doordat de principes van de lerende organisatie steeds vertrouwder worden voor jou en je medewerkers.

Stabiliteit

Het is eenvoudiger om met elkaar te bouwen aan een lerende organisatie als je organisatie in stabiele omstandigheden verkeert en er weinig wisselingen in de teams zijn. Een lerende organisatie ontstaat gemakkelijker in een veilige omgeving. Veel personeelswisselingen kunnen het gevoel van veiligheid onder druk zetten en opgedane kennis weer snel doen wegzakken. Aan de andere kant kan een nieuwe medewerker ook juist een

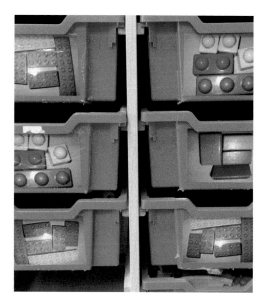

enorme impuls geven aan het lerende vermogen van je organisatie, bijvoorbeeld omdat ze het bestaande team goed aanvult of omdat ze een ingeslapen team wakker schudt. Onzekerheid over de teamsamenstelling en een gevoel van onveiligheid zijn echter niet bevorderlijk voor het lerende vermogen van je organisatie.

Organisatiestructuur

De structuur van je organisatie is tot op zekere hoogte een gegeven. Je kunt zelf niet veel veranderen aan de grootte van de organisatie noch (in grote organisaties) aan de gelaagdheid of hiërarchie van de moederorganisatie. In hoofdstuk 9 (Structureren: flexibel en organisch) lees je aan welke structuuraspecten je wél kunt werken en waarop je wél invloed hebt.

Je hoort wel eens dat een lerende organisatie makkelijker vorm te geven is in een kleine organisatie. Daar zijn de lijnen immers kort, kent de manager haar medewerkers goed en is het eenvoudiger om aan individuele ontwikkeling te werken en zo te bouwen aan de ontwikkeling van je organisatie. Toch zijn er ook goede mogelijkheden in grotere organisaties, bijvoorbeeld door suborganisaties te creëren waarin je ook die korte lijnen hebt. Bovendien hebben grotere organisaties vaak een pedagoog, beleidsmedewerker of kwaliteitsmedewerker in dienst, die goed kan bijdragen aan de ontwikkeling van de lerende organisatie. Daarnaast is het kwaliteitszorgsysteem in grotere organisaties vaak meer gebaseerd op cijfermatige gegevens, en dat kan de monitoring en evaluatie (zie hoofdstuk 6, Monitoren en evalueren: waar staan we?), die zo belangrijk zijn voor de lerende organisatie, eenvoudiger maken.

Een kwestie van doen

Draagvlak, geld, tijd, stabiliteit en een bepaalde organisatiestructuur maken het makkelijker om te bouwen aan een lerende organisatie. Je moet de faciliterende werking van deze factoren echter wel ruim opvatten. Is aan al deze randvoorwaarden voldaan? Dan is het makkelijker om van start te gaan, maar word je nog niet vanzelf een lerende organisatie. Anderzijds is het nadrukkelijk zo dat je ook kunt starten met een lerende organisatie als deze randvoorwaarden niet perfect op orde zijn. Je kunt altijd werken aan het lerende vermogen van je organisatie. In die zin is de lerende organisatie meer dan wat ook 'een kwestie van doen'.

Deel I

De pedagogische taak

Dit eerste deel focust op de pedagogische taak die de pedagogisch medewerkers in teamverband uitvoeren: de kinderen onder hun hoede goed begeleiden en stimuleren in hun ontwikkeling. Dat betekent de ene keer ruimte geven en de andere keer heel gericht een bepaalde kant op helpen. Kinderen opvoeden in groepsverband op zo'n manier dat elk kind binnen die groep optimaal tot zijn of haar recht komt, dat is het bestaansrecht en de corebusiness van de kinderopvang. Die taak wordt dagelijks gerealiseerd door de pedagogisch medewerkers op de groepen. In het model van de lerende organisatie, dat in hoofdstuk 1 is opgenomen, heb je al gezien dat de pedagogisch medewerker en haar team het dichtst bij de kern van pedagogische kwaliteit staan. Om de pedagogisch medewerkers in hun team heen staan alle andere bouwstenen van de lerende organisatie, zowel de echt organisatorische bouwstenen, zoals innovatie, professionalisering en cultuur, als de bouwstenen monitoring en evaluatie en pedagogisch leiderschap. Met name goed pedagogisch leiderschap door de leidinggevende helpt een lerend team in een lerende organisatie steeds een stapje verder.

Dat het hierbij letterlijk om kleine stapjes gaat, blijkt duidelijk in hoofdstuk 3: 'De pedagogisch medewerker'. In een lerende organisatie leren de pedagogisch medewerkers beter reflecteren op hun eigen en elkaars pedagogisch handelen. Ze ontwikkelen ook meer oog voor hun eigen en elkaars kwaliteiten en gaan die gerichter benutten in hun werk. Steeds draait het in deze kleine leerstappen om de microkosmos van de groep kinderen voor wie ze zorgen en die ze opvoeden en stimuleren zich te ontwikkelen. En dit steeds op een goede of net nog iets betere manier.

Hoofdstuk 4, 'Het team', is volledig gericht op het samen werken en samen leren als team. Je leest hoe belangrijk het is dat de teamleden een gelijkwaardige dialoog voeren en waar mogelijk bij elkaar te rade gaan. En hoe verfrissend het kan werken als mensen hun vaste werkplek eens even verruilen voor een andere. En niet te vergeten dat een leerproces alleen kansrijk is als echt alle leden van het team erbij betrokken worden.

HOOFDSTUK 3

De pedagogisch medewerker

Fatima van bso Joepie is afgelopen zomer samen met haar collega's gestart met een training in ontwikkelingsgericht werken, 'Z'evenZien'. Nu is ze gevraagd om er een kort praatje over te houden op een seminar over ontwikkelingsgericht werken met kinderen. Spannend hoor, maar als ze eenmaal voor de groep staat, komt haar verhaal vanzelf.

Fatima vertelt: 'In ontwikkelingsgericht werken staat samen ontdekken en samen leren van de kinderen centraal. Ook het ontdekken van je eigen manier van werken en het samen leren met mijn collega's komt vaak aan bod in de training. Wat zo leuk is, is dat we nu veel meer praten over hoe de kinderen op de groep zich ontwikkelen en of zij hetzelfde ziet bij de kinderen. Soms verschillen we van mening, maar dan kijken we hoe dat komt. Mijn collega houdt wat duidelijker vast aan de regels en ik geef kinderen soms net iets meer ruimte. De kinderen reageren hier natuurlijk verschillend op. Zo leer je weer meer over de kinderen, over je collega en over jezelf. Het goed kijken naar hoe je zelf werkt, is ook iets wat we hebben geleerd in de training. Zo moesten we onze eigen sterke kanten onderzoeken en ontdekken waar onze eigen leerpunten liggen. Nu ben ik met mijn leerpunten aan de slag gegaan. Deze leerpunten verwerk ik in mijn portfolio: ik geef aan waar ik in het begin stond en waar ik naartoe wil. In dat portfolio zitten foto's, verhaaltjes en werkjes van kinderen, en ik beschrijf hoe ik mij ontwikkeld heb of wat ik ontdekt heb. Mijn leidinggevende komt regelmatig langs om te kijken hoe het gaat met mijn leerproces. Ze vraagt dan waar ik mee bezig ben, wat ik ontdekt heb en waar ze nog kan helpen. Soms is het moeilijk om goed naar jezelf te kijken. Ik heb haar daarom gevraagd of ze een filmpje van mij wilde maken tijdens het eetmoment in de groep. Ik wilde van een afstand bekijken hoe ik dat deed en waar tijdens het eten nog meer kansen liggen om de ontwikkeling van kinderen te stimuleren. Dit filmpje hebben we samen besproken en ik heb het ook aan mijn portfolio toegevoegd, samen met een verhaaltje over hoe ik het vond, wat goed ging en wat ik nog meer en beter kan doen.' ('Z'evenZien' is een methodiek om ontwikkelingsgericht te leren werken met kinderen, uitgaande van de zeven competenties uit het *Pedagogisch kader kindercentra 0-4 jaar*. Zie: www.zevenzien.nl.)

PEDAGOGISCH KADER

Meer lezen over autonomie en grenzen stellen

› *Pedagogisch kader kindercentra 0-4 jaar*: hoofdstuk 7 (Basiscommunicatie)
› *Pedagogisch kader kindercentra 4-13 jaar*: hoofdstuk 2 (Autonomie en participatie), hoofdstuk 11 (Interactievaardigheden) en hoofdstuk 12 (Organisatie van de groep)
› *Pedagogisch kader gastouderopvang*: hoofdstuk 4 (Leren omgaan met anderen en sociale relaties) en hoofdstuk 5 (Waarden en normen)

Pedagogisch medewerkers zijn direct verantwoordelijk voor het primaire proces op de groep en hun belangrijkste taak is de pedagogische kwaliteit vormgeven. De vaardigheden hiervoor leren ze in principe op hun opleiding. In een lerende organisatie verwacht je dat je medewerkers weten dat ze niet uitgeleerd zijn als ze hun diploma in handen hebben, maar dat een leven lang leren ook voor hen geldt. Ze moeten zich ook bewust zijn van hun eigen verantwoordelijkheid voor dit levenslange leerproces, niet alleen als ze op cursus gaan, maar ook in hun dagelijks werk. Zij bepalen immers voor het grootste deel de kwaliteit van de opvang en die kwaliteit hangt af van wat zij meebrengen aan vaardigheden en kennis. Dit besef en de uitwerking ervan valt of staat met het reflectieve vermogen van je medewerkers. Pas als je medewerkers zicht krijgen op wat ze kunnen, weten en vinden, ofwel op hun competenties en hun eigen mentale modellen (zie hoofdstuk 10, *Cultuur opbouwen: open en veilig*), ontstaat zicht op welke competenties nog verdere aandacht vragen. Dan pas kunnen pedagogisch medewerkers hun eigen leerproces gaan vormgeven. In welke richting dit gebeurt, bepaalt de pedagogisch medewerker uiteraard niet alleen zelf. Die richting ontstaat in interactie met de behoeften van de kinderen, het team, het kindercentrum en de omgeving. Hierbij is de invloed van het competente systeem (zie hoofdstuk 1, *De kinderopvang als lerende organisatie*) heel duidelijk.

Samenhang met andere bouwstenen

Als je medewerkers een lerende houding hebben, zal de kwaliteit van jouw kinderopvangorganisatie zich blijven verbeteren. De mate waarin pedagogisch medewerkers deze houding hebben en behouden, wordt beïnvloed door andere bouwstenen van de lerende organisatie. Hoe gaat de organisatie bijvoorbeeld om met professionalisering, en hoe wordt die gefaciliteerd (zie hoofdstuk 2, *Faciliteren van een lerende organisatie* en hoofdstuk 8, *Professionaliseren: planmatig en borgend*)? Hoe zijn de communicatiecultuur en de samenwerking in het team (zie hoofdstuk 10, *Cultuur opbouwen: open en veilig* en hoofdstuk 4, *Het team*)? Hoe ondersteunend is de leidinggevende en hoeveel tijd neemt ze om te overleggen over pedagogische onderwerpen (hoofdstuk 5, *Pedagogisch leiderschap*)? En hoe gewoon is het dat het presteren van de organisatie en haar medewerkers wordt geëvalueerd (zie hoofdstuk 5, *Monitoren en evalueren: waar staan we?*)?

Wat zijn de uitgangspunten?

Een lerende pedagogisch medewerker is in staat naar zichzelf te kijken en zich bewust te worden wat ze al goed kan en wat nog minder goed gaat; ze is kortom in staat tot reflectie. Daarnaast herken je een lerende pedagogisch medewerker aan de volgende kenmerken:

› Ze heeft zicht op wat haar denken en handelen vormgeeft, want ze kent haar eigen mentale modellen.
› Ze heeft de wens om zich te ontwikkelen en stelt zich actief op in het vormgeven van haar eigen leerproces: ze weet wat ze wil leren.
› Ze is nieuwsgierig en leergierig; ze heeft een onderzoekende houding en staat open voor verandering.
› Ze wil graag feedback ontvangen, want ze ziet dit als een kans om zichzelf te verbeteren.
› Ze geeft ook anderen feedback, om hen te ondersteunen in hun leerproces.
› Ze voelt zich betrokken bij de organisatie: ze denkt op haar niveau mee over hoe dingen anders kunnen en neemt hierin haar eigen verantwoordelijkheid.
› Ze staat open voor anderen en is in staat actief te luisteren.

Waar sta je nu?

Wil je graag weten in hoeverre de houding van de pedagogisch medewerkers in jouw organisatie nu al past bij de lerende organisatie? Sta dan eens stil bij de volgende vragen. Staan jouw medewerkers open voor verandering en voor het leren van nieuwe dingen? Hebben ze hier plezier in, zijn ze nieuwsgierig en onderzoekend? Zijn ze betrokken bij jullie organisatie, hebben ze 'hart voor de zaak'? Zien ze feedback als een kans om iets te leren en zichzelf te verbeteren? Weten ze wat ze al kunnen en weten en wat nog niet? En kijken ze van daaruit naar wat ze nog zouden willen leren, al dan niet samen met jou? Kunnen ze hun eigen acties overzien en aansturen (zelfregulatie)? En als er fouten gemaakt worden, zijn je medewerkers dan bereid om naar hun eigen aandeel daarin te kijken? Kunnen ze kritisch naar zichzelf kijken? Krijgen ze de ruimte om fouten te maken en daarvan te leren? En om van daaruit te onderzoeken hoe het anders en beter kan? Weten je pedagogisch medewerkers wat hun eigen handelen en denken beïnvloedt? Hebben ze zicht op hun eigen mentale modellen? Treden ze andere mensen met een open houding tegemoet?

KENNIS

Diversiteitscompetenties

In het boek *Permanent leren. Van zelfreflectie naar teamreflectie* van Anke van Keulen en Ana del Barrio Saiz staan vier diversiteitscompetenties die pedagogisch medewerkers nodig hebben om te kunnen werken in een lerende kinderopvangorganisatie:

› *openstaan voor diversiteit en dialoog*: verschillende perspectieven kunnen (h)erkennen en in dialoog de verschillende onderliggende waarden kunnen uitwisselen;
› *effectief omgaan met ongelijke machtsverhoudingen*: kritisch kunnen reflecteren op ongelijke machtsverhoudingen in de eigen praktijk en de maatschappij, en hiernaar handelen om de praktijk te veranderen;
› *managen van onzekerheid en complexiteit*: onbekende en complexe situaties kunnen accepteren en zich er flexibel aan kunnen aanpassen;
› *stimuleren van samenwerking, commitment en participatie*: een actieve en effectieve rol kunnen spelen in het promoten van inclusiviteit en participatie binnen teams en in kindercentra, zodat een actieve en kritische leergemeenschap kan ontstaan.

Bron: Van Keulen & Del Barrio Saiz (2010).

PEDAGOGISCH KADER

Meer lezen over diversiteit in het team

› *Pedagogisch kader diversiteit in kindercentra 0-13 jaar:* hoofdstuk 6 (Omgaan met diversiteit in het team)

Wat kun je doen?

Leer reflecteren

De kern van ontwikkeling is reflectie: je kunt pas iets veranderen als je weet wat je wilt veranderen. En je weet pas wat je wilt veranderen als je bereid bent kritisch naar jezelf en je eigen denken, voelen en handelen te kijken.

Reflecteren kun je leren, maar voor veel mensen is het een lastige vaardigheid. Door vragen te stellen aan je medewerkers (of ze die vragen aan elkaar te laten stellen), help je hen naar hun eigen handelen te kijken, hun eigen leerdoelen te ontdekken en deze doelen te bereiken. Je kunt hen ook helpen door 'kritische reflectie' in te zetten. Dit is een vorm van doorvragen die verder gaat dan gewone reflectie en waarbij het doel is om veranderingen te realiseren in de bestaande situatie. In *Permanent leren. Van zelfreflectie naar teamreflectie* (Van Keulen & Del Barrio Saiz, 2010) lees je welke instrumenten je kunt inzetten om je medewerkers te helpen met reflecteren (Kritische vragen stellen, Leerdagboek, Denken-voelen-willen). Ook de methodiek 'Z'evenZien' geeft voorbeelden van reflectievragen die je kunt stellen (www.zevenzien.nl).

REFLECTIE

Zelfreflectie

Je kunt reflecteren op jezelf door vragen te stellen over verschillende lagen van je persoonlijkheid. Daarmee kom je tot meer zelfkennis en breng je ook je eigen mentale modellen in kaart. Je kunt de volgende lagen aanboren en de bijbehorende vragen stellen:

› *omgeving*: Wat kom ik tegen? Waar heb ik mee te maken?
› *gedrag*: Wat doe ik? Hoe handel ik?
› *bekwaamheden en competenties*: Wat kan ik? Hoe pak ik het aan?
› *overtuigingen*: Waarom doe ik het? Wat vind ik belangrijk? Waar geloof ik in?
› *identiteit*: Wie ben ik? Hoe zie ik mezelf?
› *betrokkenheid*: Van waaruit handel ik? Waar doe ik het allemaal voor?

Help je medewerkers met zelfreflectie door met hen in dialoog te gaan over deze vragen. Dat kan zowel individueel als in groepsverband. Daarmee breng je ook je eigen leerproces verder, want reflecteren op het gedrag van anderen bevordert je eigen vermogen tot zelfreflectie.

Bron: Korthagen e.a. (2002).

Laat je medewerkers hun kwaliteiten benoemen

Door je medewerkers hun eigen (kern)kwaliteiten en die van hun collega's te laten benoemen, krijgen ze zicht op wat ze goed kunnen en wat misschien nog minder goed. Dit kan op allerlei manieren, variërend van spelachtige activiteiten (die je zelf bedenkt of die al bestaan, zoals het Kwaliteitenspel) tot officiële instrumenten voor het in kaart brengen van competenties. Ook in het eerder genoemde boek *Permanent leren. Van zelfreflectie naar teamreflectie* vind je een instrument dat je hiervoor kunt inzetten: Kwaliteiten benoemen. Op internet kun je meer voorbeelden vinden. Er zijn ook speciaal op de kinderopvangbranche gerichte bureaus die ondersteuning bieden bij het in kaart brengen van competenties van je medewerkers.

Leg mentale modellen bloot

Onze overtuigingen en denkbeelden bepalen hoe we de wereld waarnemen: ze vormen een soort gekleurde bril waar we doorheen kijken, een mentaal model dat we over de wereld om ons heen leggen. Denk maar aan de verschillende benamingen voor een glas dat half gevuld is: de optimist noemt het halfvol, de pessimist halfleeg. Deze mentale modellen zorgen er ook voor dat we bepaalde dingen aannemen over hoe anderen denken en waarom ze handelen en reageren zoals ze doen. Soms kloppen deze aannames niet en dit kan leiden tot verwarring en conflicten. Daarom is het belangrijk om af en toe te checken bij de ander of jouw aannames wel kloppen. Is de ander stil omdat zij het niet met je eens is, zoals jij denkt? Of heeft ze misschien gewoon even tijd nodig om zelf na te denken? Verheft de ander haar stem omdat ze boos op je is, of doet ze dat omdat ze haar argument kracht bij wil zetten?

Zoek de zone van de naaste ontwikkeling

Van je medewerkers vraag je waarschijnlijk dat ze ontwikkeling van de kinderen stimuleren door te kijken naar de 'zone van de naaste ontwikkeling'. Dit wil zeggen dat je kijkt naar wat het kind al kan en vervolgens materialen en uitdagingen aanbiedt die net een klein beetje moeilijker zijn. Een kind leert en ontwikkelt zich dan, omdat het geconfronteerd wordt met materialen en uitdagingen die

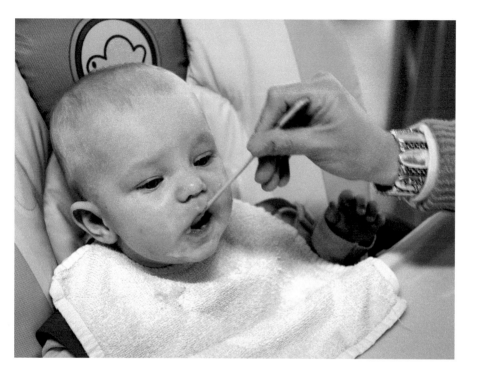

net iets moeilijker zijn dat wat het al beheerst, maar ook weer niet zo moeilijk dat het hem frustreert. Dit werkt voor je medewerkers net zo. Als zij goed zicht hebben op hun eigen competenties en je met hen samen zoekt naar ontwikkelingskansen die daar net iets boven liggen, dan vergroot je de kans op een succeservaring en stimuleer je hun motivatie om te leren.

PEDAGOGISCH KADER

Meer lezen over ontwikkelings-stimulering

› *Pedagogisch kader kindercentra 0-4 jaar:* hoofdstuk 8 (Steunen en stimuleren van spelen en leren)
› *Pedagogisch kader kindercentra 4-13 jaar:* hoofdstuk 15 (Spel- en activiteitenbegelei-ding)
› *Pedagogisch kader gastouderopvang:* hoofd-stuk 3 (Spelen, leren en de wereld ontdekken)

Stimuleer persoonlijk meesterschap

Kwaliteiten benoemen helpt je medewerkers op weg naar wat Senge (zie hoofdstuk 1, *De kinderopvang als lerende organisatie*) persoonlijk meesterschap noemt, een van pijlers van een lerende organisatie. Persoon-lijk meesterschap is verwant met *expert learning*: *expert learners* zijn actief bezig met hun eigen leer-proces, ze voelen zich hier verantwoordelijk voor en geven het zelf vorm. Je kunt pedagogisch medewer-kers hierin stimuleren door hen te laten werken aan een portfolio en door ze bekend te maken met de cy-clus van zelfgestuurd leren. Persoonlijk meesterschap stimuleer je ook door je medewerkers te vragen naar hun dromen voor hun werkplek: wat zouden ze daar graag anders willen? En hoe kunnen ze hier samen aan werken? Dit kunnen jullie gezamenlijk vormge-ven door te werken volgens de methodiek 'Willen en kiezen': daarin formuleren medewerkers wat ze echt zouden willen, om vervolgens te onderzoeken of ze dit ook daadwerkelijk kunnen kiezen en uitvoeren (Janssen, 1999).

KENNIS

Zelfgestuurd leren

Bij zelfgestuurd leren (*self-regulated learning*) stuurt de lerende persoon fasegewijs zijn of haar eigen leerproces en stelt daarbij steeds vragen. Bij zelfgestuurd leren zijn drie fasen te onderscheiden. In al deze fasen staat reflectie op het eigen leerproces centraal:

1 *de leeractiviteit plannen*: Wat is het doel van de taak die ik ga doen? Welke strategieën en manieren van aanpak zou ik het beste kunnen gebruiken?

2 *de leeractiviteit monitoren*: Gebruik ik de strategie zoals ik van plan was? Of val ik terug in mijn oude gewoonte? Kan ik me nog goed concentreren? Werkt de strategie of moet ik misschien mijn aanpak bijstellen?

3 *de leeractiviteit evalueren*: Werkte de gekozen strategie of kan ik volgende keer beter iets anders inzetten? Heb ik geleerd wat ik wilde leren?

Bron: Schunk & Zimmerman (1998).

Maak de stappen in het ontwikkelingstraject kleiner

Het leerproces van je medewerkers komt waarschijnlijk aan bod in de functioneringsgesprekken, de beoordelingsgesprekken en de gesprekken over hun persoonlijk ontwikkelplan (POP) die je met hen voert. Daarin stel je misschien samen doelen op, of je stippelt een professionaliseringstraject uit. Zo bespreek je de ontwikkeling van je medewerkers in elk geval eens per jaar, wat goed en belangrijk is en bijdraagt aan hun persoonlijk meesterschap. Als het leerproces echter alleen aan de orde komt in deze – vaak jaarlijkse – gesprekken, worden de te nemen stappen wel groot en zijn de successen die behaald kunnen worden, nog ver weg. Het werkt stimulerender als je het leerproces ook tussendoor regelmatig bespreekt. Dan maak je de stappen in het ontwikkelingstraject kleiner, knip je de leerdoelen op en breng je succeservaringen beter binnen bereik.

Breng leerstijlen in kaart

Mensen leren ieder op hun eigen manier: sommigen lezen graag om informatie tot zich te nemen, anderen leren makkelijker door te ervaren hoe iets werkt. Veel pedagogisch medewerkers zijn doeners: ze leren het makkelijkst door te doen en te ervaren. Dat betekent dat je de meesten van hen geen ellenlange PowerPointpresentaties moet laten bijwonen of grote lappen tekst moet laten lezen. Maar dit geldt niet voor iedereen en zo'n leerstijl kan ook wisselen per situatie. Het kan van belang zijn (ook voor je medewerkers zelf) om zicht te krijgen op de voorkeursleerstijl van je medewerkers. Dit kun je onderzoeken met behulp van een externe adviseur of aan de hand van tests van internet.

KENNIS

Leerstijlen van Kolb

De Amerikaanse leerpsycholoog en pedagoog David Kolb onderscheidt vier leerstijlen. Mensen hebben volgens hem een voorkeur voor een van deze stijlen, maar kunnen, afhankelijk van wat ze moeten leren, ook wel eens een andere stijl hanteren.

Leerstijl	Dit type leerder:	Stelt vragen als:
Denker	Komt vanuit reflectie tot theorie Leest graag	Is het altijd zo dat…?
Beslisser	Pakt de hoofdzaken van de theorie en gaat daarmee actief experimenteren in de praktijk	Wat kan ik hiermee in de praktijk?
Doener	Werkt via proberen en fouten maken	Laten we het gewoon proberen, dan zien we vanzelf wel hoe het werkt.
Dromer	Neemt waar en reflecteert hierop	Waarom doe je dat zo?

Bronnen: Maatschap Van Duuren e.a. (2011); Kolb (1981).

Situationeel leiderschap

Het uitgangspunt van situationeel leiderschap is dat jij jouw manier van leidinggeven (leiden, begeleiden, steunen en delegeren) aanpast aan de situatie (vandaar de naam) en de vaardigheden van de medewerker die je tegenover je hebt. Hoe flexibel ben jij in je manier van leidinggeven?

› Probeer je elke medewerker gericht te begeleiden waar zij dat nodig heeft? Of kom je daar nauwelijks aan toe, omdat je je handen vol hebt aan het team als geheel?
› Ondersteun je je pedagogisch medewerker als ze aangeeft dat ze iets moeilijk vindt, of stuur je haar ergens zonder meer op af?
› Laat je iemand los als je denkt dat dit kan? Of houd je graag de touwtjes in handen?

Je helpt de lerende organisatie het beste vooruit wanneer je als leidinggevende coach (begeleidt en steunt) waar het kan en stuurt (leidt) waar het moet.

Bron: Hersey (2011).

Meer lezen over spelmaterialen

› *Pedagogisch kader kindercentra 0-4 jaar*: hoofdstuk 9 (Indeling en inrichting van de buiten- en binnenruimtes)
› *Pedagogisch kader kindercentra 4-13 jaar*: hoofdstuk 16 (Binnen- en buitenruimte)
› *Pedagogisch kader gastouderopvang*: hoofdstuk 11 (Aanbieden van spel, activiteiten en spelmaterialen)

Inspiratie

Leren van elkaar

Nancy is bemiddelingsmedewerker bij gastouderbureau Thuis Best. Een van de gastouders, Pamela, klaagt al een poosje over de kinderen die ze opvangt: 'Ze zijn verveeld, kunnen moeilijk bedenken wat ze willen gaan doen, zijn snel geïrriteerd, niks lijkt goed.' Nancy gaat een uurtje meedraaien bij Pamela. Ze ziet ook dat de kinderen wat hangerig zijn en moeilijk tot spelen komen. Ze vermoedt dat dit te maken heeft met het aanbod. Pamela heeft veel speelgoed dat niet makkelijk uitnodigt tot vrij spel: brandweerauto's, een compleet keukentje, spelletjes, puzzels. De kinderen spelen er even mee, maar raken er snel op uitgekeken en Pamela weet niet goed wat ze dan moet bieden. Nancy denkt aan Roos, een van haar andere gastouders. Roos is goed in het stimuleren en uitlokken van spel bij de kinderen; ze zit altijd vol ideeën en kan kinderen bij wijze van spreken uren laten spelen met een leeg luciferdoosje. Nancy belt Roos om te vragen of Pamela eens een middag bij haar mag meedraaien. Ze vraagt of Roos dan haar 'spelkunsten' wil delen met Pamela. Het lijkt Pamela een prima idee en een week later gaat ze een middag naar Roos. Pamela is razend enthousiast: 'Het lijkt wel of Roos zelf nog een kind is, ze zit vol goede ideeën en lijkt gewoon precies te weten waar de kinderen zin in hebben. Soms laat ze de kinderen hun gang gaan, maar dan komt ze net op het goede moment weer met iets om samen te gaan doen. Ik heb heel veel van haar geleerd! Zou ze hier niet ook eens iets over kunnen komen vertellen voor alle andere gastouders?'

'Lief dagboek'

Aukje werkt al jaren in de naschoolse opvang, maar heeft minder plezier in haar werk dan vroeger. Mignon, haar leidinggevende, ziet dit ook: Aukje moppert meer, lacht minder en is niet meer te porren om over dingen mee te denken, terwijl ze juist altijd zulke goede ideeën had en zo enthousiast was. Tijdens een gesprek hierover met Aukje stelt Mignon het volgende voor: 'Wil je een tijdje een logboek bijhouden? En daarin dan elke dag voor jezelf kort de volgende vragen beantwoorden over wat je hebt gedaan die dag: Hoe verliep de activiteit? Wat ging er daarbij door me heen? Wat maakte dat ik me zo voelde? Als het een negatief gevoel was: hoe zou ik de activiteit anders kunnen invullen? Zou dat helpen bij het negatieve gevoel? Als je die vragen een paar weken beantwoordt voor alles wat je doet, kunnen we samen kijken waar je energie van krijgt en waardoor je niet zo veel puf meer hebt.' Aukje moet er een beetje om lachen: 'Hè ja, ik ga weer een dagboek bijhouden, net als toen ik op de middelbare school zat!' Maar ze gaat aan de slag en drie weken later zitten ze weer samen aan tafel. Aukje zegt meteen: 'Ik weet wat er aan de hand is, ik ben de routine geloof ik een beetje zat. Elke dag maar precies hetzelfde doen, de enige variatie zit in de activiteiten die we aanbieden, maar ik ben een beetje uitgespeeld. Ik zou wel eens wat anders willen…' Zoiets vermoedde Mignon al en ze heeft een voorstel: 'Je bent ontzettend goed in alles wat met muziek te maken heeft. Ik voel er wel wat voor om hier een muziek-bso van de grond te tillen. Wil jij daar het voortouw in nemen, en eens kijken hoe we dat voor elkaar kunnen krijgen?' Aukjes ogen beginnen te glimmen: 'Dat is een leuk idee!' 'Kijk, zo ken ik je weer…,' zegt Mignon.

PEDAGOGISCH KADER

Meer lezen over thematische buitenschoolse opvang

› *Pedagogisch kader kindercentra 4-13 jaar*: deel IV (profielen)

Samengevat

De pedagogische kwaliteit op de groepen wordt direct bepaald door je pedagogisch medewerkers. Als zij zich door reflectie bewust worden van hun eigen sterke en minder sterke kanten, en bereid en in staat zijn om die minder sterke kanten aan te pakken, heeft dit direct gevolg voor wat er op de groep gebeurt. Manieren om de pedagogisch medewerkers hieraan te laten werken, zijn bijvoorbeeld hen leren reflecteren, hen stimuleren hun eigen en elkaars kwaliteiten te benoemen en hun eigen en elkaars denkbeelden te onderzoeken, persoonlijk meesterschap te stimuleren en hun leerstijlen in kaart te brengen en daarbij aan te sluiten. Je brengt de lerende organisatie dichterbij als je medewerkers uitdaagt om steeds een volgende stap in hun leerproces te zetten, en je vergroot de kans op succes als je de stappen in dit leerproces kleiner en overzichtelijker maakt.

HOOFDSTUK 4

Het team

Miranda is manager bij De Springplank. Ze heeft een aantal locaties onder haar leiding, zowel voor dagopvang als buitenschoolse opvang. Ze heeft vorig jaar een training 'Permanent leren als team' gevolgd en is razend enthousiast over deze methodiek.

Miranda vertelt: 'Eerst dacht ik, ja, wat is dit nou? Je krijgt acht instrumenten in handen waar je mee aan de slag kunt, maar dat zijn eigenlijk een soort lege hulsjes. Daaronder kun je elk inhoudelijk onderwerp hangen dat je wilt en op die manier met z'n allen werken aan verhoging van de pedagogische kwaliteit. Daar moest ik erg aan wennen, het leek me makkelijker als ik kant-en-klaar iets aangeboden kreeg wat ik weer aan mijn medewerkers kon overbrengen. Maar door er veel mee te oefenen, ging ik steeds beter zien hoe je die instrumenten kunt inzetten en wat ze opleveren. Ze werken vooral goed als je ze inzet om een onderwerp aan te pakken dat belangrijk is binnen je organisatie of je team. Inmiddels heb ik alle instrumenten gekoppeld aan de bestaande overlegstructuur en aan het kwaliteitszorgsysteem van mijn locatie. Langzamerhand raken de teams er steeds meer aan gewend te reflecteren. En de teams gaan onderling ook meer kennis en ervaring uitwisselen. Zo kwam tijdens een teamoverleg naar voren dat we niet helemaal tevreden zijn over de manier waarop we de activiteiten in de bso hebben georganiseerd. We hebben een wat eenzijdig aanbod, waarbij niet alle kinderen aan hun trekken komen en ook de capaciteiten van alle medewerkers niet optimaal worden ingezet. Toen zei een van mijn medewerkers: "Is dit niet een goed onderwerp om eens mee te gaan teamleren?"' Miranda lacht: 'Wat wil je nou nog meer?'

KENNIS

Permanent leren als team

'Permanent leren als team' is een methodiek die beroepskrachten en hun begeleiders in kindercentra instrumenten aanbiedt om een kritisch-reflectieve houding te leren aannemen in hun werk. Hierdoor kunnen teams duidelijker gaan communiceren, meer aandacht krijgen voor diversiteit en meer plezier krijgen in het samenwerken. De methodiek is gebaseerd op acht instrumenten:

› Leerdagboek;
› Persoonlijke uitdaging;
› Werken met een maatje;
› Kritische vragen stellen;
› Kwaliteiten benoemen;
› Contract van een lerende organisatie;
› Context van het kindercentrum;
› Reflectie op denken, voelen en willen.

Deze instrumenten en de oefeningen die erbij horen, ondersteunen de professional om individueel en in teamverband te blijven leren. Een team kan volgens deze methodiek aan de slag met elk inhoudelijk onderwerp uit het *Pedagogisch kader*. Daarnaast zijn de instrumenten ook geschikt om bestaand beleid (pedagogisch beleid, vve-beleid, ouderbeleid) te verankeren.

Je leest alles over de methodiek in *Permanent leren*.

Bronnen: www.mutant.nl; Van Keulen & Del Barrio Saiz (2010).

PEDAGOGISCH KADER

Meer lezen over spel- en activiteitenaanbod

› *Pedagogisch kader kindercentra 0-4 jaar*: hoofdstuk 8 (Steunen en stimuleren van spelen en leren)
› *Pedagogisch kader kindercentra 4-13 jaar*: hoofdstuk 15 (Spel- en activiteitenbegeleiding)
› *Pedagogisch kader gastouderopvang*: hoofdstuk 11 (Aanbieden van spel, activiteiten en spelmaterialen)

De kwaliteit van een organisatie is geen optelsom van de kwaliteit van alle individuele medewerkers samen, maar als ze samen leren, kan de kwaliteit van het team groter worden dan de som der delen. Dit lukt als medewerkers niet alleen individueel reflecteren, maar er ook ruimte is voor teamreflectie. Dit betekent: kijken wat er goed en minder goed gaat op het niveau van het team, hoe dat komt en wat eraan gedaan kan worden. Op deze manier ontwikkelt een team zich tot een kritische leergemeenschap die nauwer betrokken raakt bij de organisatie en er ook meer verantwoordelijkheid voor wil nemen.

Samenhang met andere bouwstenen

De bouwsteen team hangt samen met een groot aantal andere bouwstenen van de lerende organisatie. In de eerste plaats met de individuele pedagogisch medewerkers (zie hoofdstuk 3, *De pedagogisch medewerker*): zij vormen samen het team. Leren op teamniveau krijgt alleen optimaal vorm als het gefaciliteerd en gestuurd wordt door de leidinggevende (zie hoofdstuk 5, *Pedagogisch leiderschap*): jij houdt het overzicht en bepaalt mede de richting van de ontwikkelingen. Ook de bouwsteen monitoring en evaluatie (zie hoofdstuk 6, *Monitoren en evalueren: waar staan we?*) hangt samen met het team. Leren op teamniveau kun je goed koppelen aan onderwerpen die voortkomen uit de monitoring en evaluatie van je organisatie. Ditzelfde geldt voor de bouwsteen visie, missie en doelen (zie hoofdstuk 11, *Visie, missie en doelen: natuurlijk je richtsnoeren*). Een gedeelde, gemeenschappelijke visie ontwikkel je het

Professionele leergemeenschappen

Leren in teams en werken aan een lerende organisatie krijgen vorm in de 'professionele leergemeenschap' (*learning community*). Dit concept is gebaseerd op de sociaal-constructivistische benadering van leren en wordt, nadat het in andere bedrijfstakken is geprobeerd, nu ook succesvol toegepast binnen de kinderopvang (Koster e.a., 2013). In een professionele leergemeenschap worden drie capaciteiten onderscheiden, die nauw aansluiten bij de drie niveaus van competenties zoals beschreven in hoofdstuk 1 *De kinderopvang als lerende organisatie*. Bij elke capaciteit hoort een aantal dimensies.

Capaciteit	Dimensies
Persoonlijke capaciteit	Actief, reflectief en kritisch kennis (re)construeren
	Aansluiten bij de actualiteit
Interpersoonlijke capaciteit	Gedeelde waarden en visie op leren en de rol van de pedagogisch medewerker
	Collectief leren en gedeelde praktijk/toepassing van het geleerde
Organisatorische capaciteit	Ondersteunende condities (bronnen, structuren en systemen)
	Ondersteunende condities (cultuur)
	Ondersteunend, stimulerend en gedeeld leiderschap

Bron: Verbiest (2008).

beste via teamleren, omdat je dan samen stilstaat bij wat je belangrijk vindt en waarom. Daarbij bouw je ook automatisch aan de open cultuur (zie hoofdstuk 10, *Cultuur opbouwen: open en veilig*), die zo belangrijk is voor de lerende organisatie. Als laatste bouwsteen noemen we hier professionalisering: met teamleren maak je optimaal gebruik van de kennis en competenties van je medewerkers. Als ze samen professionaliseren of hun leeropbrengsten delen, krijgen professionaliseringsactiviteiten een duidelijke meerwaarde (zie hoofdstuk 8, *Professionaliseren: planmatig en borgend*).

Wat zijn de uitgangspunten?

Het ideale team in een lerende organisatie is open, kan omgaan met onzekerheid en onbesliste situaties, is bereid om met en van elkaar te leren, stelt kritische vragen en gaat de dialoog en de discussie aan. De medewerkers in dit team zijn eraan gewend elkaar feedback te geven, omdat ze daar veel van leren. Het team is erop gericht de teamkennis te vergroten: de medewerkers houden wat ze weten, zien, denken en voelen niet voor zichzelf, maar delen dit met hun collega's. De individuele medewerkers weten precies wat hun collega's kunnen en weten en maken daar waar nodig ook gebruik van: ze weten bij wie ze wat kunnen 'halen'.

Basis voor teamleren

Een lerend team is of raakt vertrouwd met een aantal belangrijke processen. Het team kan:
› een situatie analyseren op basis van beschikbare informatie en de interpretatie van die informatie door alle mensen in het team;
› overwegen of je die situatie ook anders kunt zien, of de waarneming van de situatie misschien gekleurd is en veranderen kan;
› de perspectieven van verschillende teamleden integreren en proberen tot een gezamenlijk en gedeeld perspectief te komen;
› experimenteren met nieuwe manieren om met dingen om te gaan;
› grenzen verleggen (als automatisch onderdeel van het samenwerken in een team).

Bron: Watkins & Marsick (1993).

Waar sta je nu?

Hoe staat het ervoor in jouw eigen team of teams? Check het eens door de volgende vragen te beantwoorden. Voelen je medewerkers zich veilig genoeg om elkaar en jou kritische vragen te stellen? Moedig jij dit aan? Is jullie aanspreekcultuur open? Is het gebruikelijk om elkaar (positieve en negatieve) feedback te geven? Zoeken jullie de dialoog op of probeer je elkaar vooral te overtuigen van je eigen gelijk? Zoek je samen naar oplossingen voor problemen? Vraag jij naar de mening van je medewerkers als je veranderingen wilt doorvoeren? Sta je open voor suggesties vanaf de werkvloer? Zoek je naar manieren om samen te bouwen aan gemeenschappelijke kennis? Hoe doe je dat? Houd jij bij het samenstellen van teams rekening met individuele verschillen?

REFLECTIE

Samen bouwen aan visie

Door in een teamoverleg met elkaar in discussie te gaan over een belangrijk thema, kun je bouwen aan een gedeelde visie voor jouw organisatie. Door elkaar te bevragen en te kijken of je van elkaar kunt leren, kom je tot een gedeelde mening die onderdeel kan worden van de visie van je organisatie. Discussieer bijvoorbeeld eens met elkaar over ouders die allebei fulltime werken:

› Wat vinden we daarvan?
› Wat zien we als negatieve kanten?
› Wat zien we als positieve kanten?
› Kunnen we dit ook anders zien?
› Wat kunnen we leren van deze discussie?
› Kunnen we als team een visie formuleren over dit thema? (en zo nee, wanneer praten we hierover dan verder?)

Wat kun je doen?

Voer dialoog en discussie

Dialoog en discussie zijn heel belangrijk voor het leren in teams. Een goede dialoog of discussie voeren, is echter vaak moeilijker dan je denkt en vraagt veel oefening. In dialogen en discussies verkennen gesprekspartners samen wat ze van iets vinden en wat ze hierbij van elkaar kunnen leren. In een goede discussie houden de deelnemers zich aan deze vijf regels:

› Ze besteden aandacht aan hun bedoelingen (Wat verwacht ik van dit gesprek? Ben ik bereid me te laten beïnvloeden?).
› Ze zoeken een balans tussen pleiten en informatie verzamelen (Hoe ben je tot deze mening gekomen? Wat bedoel je daarmee?).
› Ze bouwen mee aan gemeenschappelijke betekenis (Wat bedoelen we precies wanneer we deze term gebruiken?).
› Ze gebruiken hun zelfbewustzijn (Wat denk ik? Wat voel ik? Wat wil ik op dit moment?).
› Ze verkennen impasses (Waarover zijn we het eens? Waarover zijn we het oneens?) (Senge e.a., 1995).

In een goede dialoog of discussie luister je actief volgens deze richtlijnen:

› Probeer je het standpunt van de ander voor te stellen.
› Laat je interesse blijken.
› Let op het non-verbale gedrag van je gesprekspartner(s).
› Onderbreek de ander niet.
› Luister 'tussen de regels door'.
› Geef geen kritiek of oordeel.
› Vat samen wat er is gezegd als iemand is uitgepraat.

Consulteer collega's

Bij collegiale consultatie gaat een medewerker met een vraag of een probleem te rade bij een collega. Dit kan een collega zijn die ze toevallig tegenkomt tijdens de pauze, of iemand van wie ze weet dat die veel weet over het vraagstuk waar ze mee zit. Het kan ook haar vaste maatje zijn, als een team doet aan 'werken met een maatje' (*peer coaching*). Collegiale consultatie kun je ook toepassen tijdens teamvergaderingen. Dan

is het verstandig hiervan een agendapunt te maken. Soms zal een vraag of probleem meteen beantwoord of opgelost kunnen worden, soms zullen jullie een afspraak moeten maken om de vraag verder te bespreken en soms zal een vraag voor zoveel mensen gelden dat deze meer tijd en aandacht verdient. In het laatste geval kun je een werkgroep instellen of iemand inhuren om de vraag te beantwoorden. Bij alle vormen van collegiale consultatie moeten je medewerkers de tijd krijgen om van elkaar te leren in een situatie waarin ze zich niet tegelijkertijd met de kinderen bezig hoeven te houden.

KENNIS

Intervisie met 'Wanda'

'Wanda' is een methodiek om intervisie en teamreflectie toe te passen in kinderopvangteams. De grondgedachte is dat de kinderopvangsector draait om mensen. Werk met mensen laat zich minder makkelijk in regels vangen dan bijvoorbeeld technisch werk. Voor pedagogisch medewerkers is het vooral belangrijk dat zij reflecteren op hun eigen handelen. Met 'Wanda' leren ze dat per sessie in de volgende stappen:

› terugkijken;
› een voorbeeld kiezen;
› vragen stellen;
› ideeën verzamelen;
› adviezen geven.

Tijdens een sessie brengt een medewerker een voorbeeld in: iets wat indruk op haar heeft gemaakt. Dat kan een probleem zijn, zoals een conflict met een ouder, of juist iets positiefs, bijvoorbeeld een aangename reactie van een ouder, kind of collega. Het team stelt vervolgens vragen aan de inbrenger om het voorbeeld te analyseren. De inzichten die hieruit voortkomen, kunnen leiden tot adviezen aan de inbrenger, het team, de organisatie en zelfs de (lokale) overheid.

Bron: Van Laere e.a. (2012).

Zorg voor heterogene teams

Als een team te homogeen is, komt het moeilijk in beweging. Als mensen binnen een team verschillen, zijn er meer mogelijkheden om van elkaar te leren en gebruik te maken van elkaars sterke kanten. Daarom leren mensen in teams makkelijker als zij verschillen in leeftijd, ervaring, karakter, kwaliteiten en leerstijl. Als de teamleden zich bewust worden van hun verschillen en van elkaars talenten en minder sterke kanten, kunnen ze gebruikmaken van de kwaliteiten in hun omgeving. Niet iedereen hoeft alles te kunnen, maar je moet weten wie wat kan en dat handig benutten.

Laat medewerkers eens wisselen van werkplek

Als een medewerker gedurende korte tijd wisselt van werkomgeving, team of rol kan dat het leerproces van alle betrokkenen stimuleren. Degene die op een andere plek gaat werken, krijgt zicht op hoe dingen anders zouden kunnen in haar eigen team, maar ook op hoe zij anders functioneert met andere mensen om zich heen. Het team waarin ze terechtkomt, leert hoe het team van herkomst dingen aanpakt en krijgt een frisse blik op hoe het de zaken zelf regelt. Het team van herkomst krijgt frisse input als de medewerker in kwestie weer op haar oude plek terug is, en ziet tijdens haar afwezigheid beter wat haar rol is in het team. Je kunt een dergelijke uitwisseling ook inzetten om de kwaliteiten van een medewerker in te zetten in een ander team. Voor de kinderen op de groepen zijn dit soort wisselingen niet optimaal, omdat zij baat hebben bij vaste medewerkers op de groep. Dit nadeel kun je echter opvangen door zorgvuldig om te gaan met de rest van de bezetting op de groep.

> PEDAGOGISCH KADER
>
> › *Pedagogisch kader kindercentra 0-4 jaar*: hoofdstuk 2 (Veiligheid en welbevinden)
> › *Pedagogisch kader kindercentra 4-13 jaar*: hoofdstuk 1 (Veiligheid en welbevinden)
> › *Pedagogisch kader gastouderopvang*: hoofdstuk 2 (Veiligheid en welbevinden)

Betrek iedereen bij het leerproces en de veranderingen

Een mooie manier om je medewerkers te betrekken bij veranderingen in de organisatie is actie-reflectieleren. Dit is een vorm van leren die verwant is aan actieonderzoek (zie hoofdstuk 13, *Relatie met ketenpartners*). In actie-reflectieleren gaan mensen in een kleine groep (vier tot acht mensen) samen aan de slag met een urgent en betekenisvol probleem waarvoor ze zich verantwoordelijk voelen. Eerst verkennen ze het probleem grondig door kritische reflectievragen te stellen. Vervolgens voeren ze een dialoog om mogelijke oplossingen en manieren van aanpak te vergelijken en dan kiezen ze uit de alternatieven. Daarna gaat de groep met de gekozen oplossing aan de slag. De deelnemers moeten dus toestemming hebben om actie te ondernemen of zeker weten dat er echt iets gedaan wordt met de oplossing die ze voorstellen. In groepen die onervaren zijn, is het verstandig een coach of gespreksleider aan te stellen die het proces begeleidt.

Stimuleer initiatief en creatieve ideeën

Een organisatie kan niet leren en groeien zonder zo nu en dan af te wijken van de gebaande paden. Uiteraard kun je als leidinggevende soms een andere weg inslaan, maar het ondersteunt het lerend vermogen van je organisatie als jij ook je medewerkers stimuleert om af en toe eens een risico te nemen en *out of the box* te denken. Dit moeten wel beredeneerde en matige risico's zijn, het is niet de bedoeling dat je medewerkers op eigen houtje een nieuwe vestiging gaan openen. Maar ze zullen met creatievere ideeën komen als ze het gevoel krijgen dat dit kan en mag. Dat gevoel krijgen ze als ze

› beschermd worden door hun team als ze een risico opperen en verkennen;
› weten dat ze de taak die ze willen uitvoeren, in principe aankunnen;
› toestemming hebben van hun leidinggevende om het risico te nemen.

Daarnaast is het heel belangrijk dat mensen het gevoel hebben dat ze fouten mogen maken.

Teamleren verankeren in je organisatie

Je kunt de verschillende elementen en instrumenten van teamleren koppelen aan je overleg- en kwaliteitszorgstructuur, bijvoorbeeld als volgt:

› Gebruik teamoverleg om samen je pedagogisch beleid vorm te geven of samen een mening te formuleren over een inhoudelijk vraagstuk.
› Stel overleguren beschikbaar voor groepjes medewerkers om een actueel inhoudelijk onderwerp te verkennen en hiervoor beleid voor te stellen. Koppel de uitkomsten terug tijdens een teamoverleg.
› Koppel eindejaarsdoelen voor je medewerkers aan een leeropbrengst, bijvoorbeeld een onderwerp inbrengen, een werkgroep leiden of de uitkomsten van een werkgroep presenteren. Dit is dan weer een onderwerp voor de functionerings- en POP-gesprekken.

Inspiratie

Onrust op de groep

Tijdens de rondvraag in het teamoverleg vertelt Gülhan, pedagogisch medewerker op een peutergroep, dat er veel onrust is op de groep. Ze is erop gaan letten en heeft gezien dat de peuters weinig rustig spelen, maar vooral veel rondrennen en schreeuwen en al het speelgoed uit de kasten halen. De kinderen steken elkaar aan en ze weet niet goed wat ze moet doen om dit te veranderen. Voor haar gevoel loopt ze de hele dag achter kinderen aan om brandjes te blussen en speelgoed op te ruimen. Haar collega's vallen haar bij: zij merken hetzelfde. Er volgt discussie over hoe dit komt en wat ze eraan zouden kunnen doen, maar de tijd is veel te snel om. De leidinggevende stelt voor dat een werkgroepje gaat uitzoeken wat een oplossing zou kunnen zijn. Gülhan en drie van haar collega's willen hier wel mee aan de slag. Ze zoeken

op internet, gaan naar de bibliotheek en gaan praten met collega's van andere kindercentra. Bij het volgende teamoverleg presenteren ze wat ze gevonden hebben. Gülhan: 'Er is een heel simpele oplossing: we moeten gewoon zelf meer gaan zitten, het liefst op de vloer! Dan weten de kinderen waar ze ons moeten zoeken als ze ons nodig hebben en worden ze zelf ook minder onrustig. Dat heeft Elly Singer ontdekt, die bekende Nederlandse pedagoog. Daarom heet dit Singeren: met je kont op de grond.' Het team is blij met deze makkelijke oplossing en spreekt af om te gaan proberen of het werkt, en elkaar erop aan te spreken als ze te veel rondlopen. In het volgende teamoverleg zullen ze het er weer over hebben.

Diversiteit in je team

Katy, locatiemanager van een groot kindercentrum in een multiculturele wijk, weet niet goed hoe ze verder moet met haar team. Het loopt niet lekker, er is veel irritatie en gedoe. Ze belt haar intervisiemaatje en vraagt: 'Hoe doe jij dat nou? In jouw team zitten toch ook heel verschillende mensen? Hoe krijg jij de neuzen dezelfde kant op? Hier zitten we al te bekvechten over wat er bij de thee moet 's middags, laat staan als we het over beleidsvraagstukken gaan hebben!' Haar maatje lacht: 'Die koekjes bij de thee heb ik ook nog niet opgelost, maar sinds kort ben ik met mijn team bezig als democratische oefenplaats. Dat klinkt ingewikkeld, maar het betekent vooral dat we samen veel praten over hoe we elkaar in onze waarde kunnen laten. En over hoe we de verschillen tussen ons kunnen leren kennen, waarderen en benutten. We proberen hierbij goed naar elkaar te luisteren, kritische vragen te stellen en te reflecteren. We kijken naar waar de overeenkomsten in onze verschillen zitten, zodat we van daaruit kunnen werken. We kijken ook hoe we juist de verschillen kunnen inzetten: niet iedereen hoeft hetzelfde te zijn en te kunnen, maar het is wel handig als je van elkaar weet waar de verschillen zitten. Daar word je een sterker team van. Van mij hoeft niet iedereen die stroopwafel bij de thee te willen!' Katy bedankt haar: 'Klinkt goed, dat zou je met de kinderen ook moeten doen, zodat zij elkaar ook meer in hun waarde leren laten!' Haar maatje zegt dat ook dat heel goed kan, en vertelt over een methode die daar speciaal voor is ontwikkeld. 'Maar', zegt ze, 'zorg jij nu eerst maar dat je medewerkers elkaars koekjes willen proeven!' (Van Keulen, 2013)

PEDAGOGISCH KADER

Meer lezen over diversiteit in het team

› *Samen verschillend. Pedagogisch kader diversiteit in kindercentra 0-13 jaar*: hoofdstuk 6 (Omgaan met diversiteit in het team)

Samengevat

De pedagogische kwaliteit op de groep begint bij de pedagogisch medewerker, maar wordt verhoogd door de samenwerking binnen het team: het geheel is meer dan de som der delen. Om te bevorderen dat medewerkers van elkaar leren en samen leren, stimuleer je het voeren van dialoog en discussie, zet je in op collegiale consultatie, zorg je voor heterogene teams die gebruikmaken van elkaars kwaliteiten, denk je aan de mogelijkheid je medewerkers tijdelijk ergens anders te laten werken, betrek je iedereen bij leer- en veranderingsprocessen en moedig je je medewerkers aan om af en toe (aanvaardbare) risico's te nemen.

Deel II

Organisatie in ontwikkeling

Dit tweede deel bevat zeven hoofdstukken over even-zoveel bouwstenen van de lerende organisatie. De titel van dit deel is 'Organisatie in ontwikkeling', en benadrukt dat de lerende organisatie een dynamische en zichzelf ontwikkelende organisatie is, die steeds onderweg is, daarbij nieuwe kennis en inzichten vergaart en zichzelf zo nodig op onderdelen vernieuwt. Ook al worden de bouwstenen nog zo netjes per hoofdstuk gepresenteerd, in de lerende organisatie draait het er toch vooral om hoe ze samenhangen en op elkaar inwerken (zoals in hoofdstuk 1 wordt toegelicht in de paragraaf over het systeemdenken). In die zin kun je ook deze bouwstenen het beste zien als beweeglijk en dynamisch.

Dit deel begint met hoofdstuk 5 over het pedagogisch leiderschap, dat wordt belichaamd in de leiding-gevende, die de stuwer en drager is van het primaire proces op de werkvloer. Een pedagogisch leider vervult ook een cruciale schakelfunctie tussen de pedagogisch medewerkers en de rest van de organisatie en tussen het team en de omgeving buiten de organisatie. Hoofdstuk 6 draait vervolgens om monitoren en evalueren, omdat je als lerende organisatie nu eenmaal eerst moet weten waar je staat, voordat je kunt bepalen waar je naartoe wilt. In de hoofdstukken 7 tot en met 10 gaat het achtereenvolgens over innoveren, professionaliseren, structureren en een open en veilige cultuur opbouwen, allemaal belangrijke en onderling samenhangende voorwaarden om een lerende organi-satie te kunnen zijn en blijven. In hoofdstuk 11 wordt besproken dat je als lerende organisatie vanzelfspre-kend ook jezelf trouw blijft: door steeds weer terug te grijpen op je visie, missie en doelen als richtsnoer en inspiratiebron.

HOOFDSTUK 5

Pedagogisch leiderschap

Nel, locatiemanager van kinderdagverblijf De Zevensprong, toont pedagogisch leiderschap. Een van haar pedagogisch medewerkers, Mette, vertelt haar dat ze moeite heeft met het gedrag van Wesley, een jongetje van 3 jaar dat vaak wild is. Andere kinderen hebben daar last van en Mette weet niet goed wat ze met hem aan moet.

Nel zegt ondersteuning toe en gaat een maand lang elke week een halfuur naar Mettes groep. Tijdens het eerste bezoek observeert ze de situatie en ziet dat Wesley vooral druk is tijdens de overgangsmomenten, waarin sprake is van 'een pedagogische leegte'. Nel en Mette overleggen over manieren van aanpak die Mette zou kunnen proberen en samen schrijven ze een verbeterplan. Mette gaat Wesley tijdens de overgangsmomenten extra individuele begeleiding bieden door 'kindnabij' te zijn. Nel komt nog eens kijken of dat werkt. Uit de observaties op de groep blijkt dat de nieuwe aanpak effectief is: Wesley is een stuk rustiger door de nabijheid van Mette tijdens de overgangsmomenten. Geleidelijk beëindigt Mette de begeleiding, totdat Wesley zonder directe tussenkomst van Mette van de ene naar de andere activiteit gaat. Mette is tevreden over de manier waarop Nel haar heeft bijgestaan, en heeft hier veel van geleerd.

Meer lezen over kinderen met een extra ondersteuningsbehoefte

› *Pedagogisch kader kindercentra 0-4 jaar*: hoofdstuk 3 (Ontwikkelen en leren van jonge kinderen) en hoofdstuk 7 (Samen spelen en samenleven)

› *Pedagogisch kader kindercentra 4-13 jaar*: hoofdstuk 4 (Leren en ontwikkelen), hoofdstuk 5 (Relaties in de groep) en hoofdstuk 11 (Interactievaardigheden).

› *Samen verschillend. Pedagogisch kader diversiteit in kindercentra 0-13 jaar*: hoofdstuk 5 (Kwetsbare kinderen in de groep)

› *Pedagogisch kader gastouderopvang: hoofdstuk 4 (Leren omgaan met anderen*: sociale relaties) en hoofdstuk 10 (Kinderen samen laten opgroeien)

Als leidinggevende ben je in de positie om veranderingen door te voeren die ten goede komen aan de kinderen, maar ook aan de pedagogisch medewerkers. Deze positie kun je benutten als je de indruk hebt dat er ruimte is om dingen anders en beter te doen. Je toont dan pedagogisch leiderschap. In de kinderopvang raakt men er steeds meer van doordrongen dat dit noodzakelijk en belangrijk is om de kwaliteit te bewaken en verder te brengen.

Manager of leidinggevende?

Als leidinggevende in de kinderopvang heb je verschillende taken en taakgebieden. Sta eens stil bij jouw taakopvatting aan de hand van de volgende omschrijvingen:

› Managers zijn vooral bezig de gang van zaken te beheersen en te controleren.

› Leidinggevenden in een lerende organisatie zijn vooral gericht op het leren en ontwikkelen van het team.

In welk type leider herken jij jezelf het meest?

Bron: Swieringa & Wierdsma (2011).

Als leidinggevende wissel je voortdurend tussen stimuleren, steunen en sturen (de *triple S*). Soms neem je het voortouw, bijvoorbeeld om acties van de grond te krijgen. In andere gevallen maak je juist ruim baan voor spannende ideeën van pedagogisch medewerkers. Het is voortdurend wikken en wegen om in zeer uiteenlopende situaties juist te handelen.

Samenhang met andere bouwstenen

De leidinggevende is de spin in het web van de lerende organisatie als het erom gaat de pedagogische kwaliteit, die centraal staat in het *Pedagogisch kader*, te verbeteren en te borgen. Alle bouwstenen van de lerende organisatie die worden beschreven in de hoofdstukken van dit boek, komen samen bij de leidinggevende. Zij kan haar dragende rol echter alleen vervullen als ze hiervoor zelf voldoende steun krijgt van de centrale directie en wordt gefaciliteerd in tijd, in scholing en in middelen.

Wat zijn de uitgangspunten?

Hoe geef je je pedagogisch leiderschap inhoudelijk vorm? Pedagogisch leiderschap verwijst naar jouw taak om het leren van medewerkers in de kinderopvang op een hoger plan te brengen, met als doel dat ze beter worden in hun werk. Je rol als pedagogisch leider houdt in dat je je medewerkers helpt in hun professionele ontwikkeling. En dat dan in de breedste zin van het woord, door hun een constant systeem van ondersteuning en begeleiding te bieden. Goed pedagogisch leiderschap herken je aan een:

› coachende, ondersteunende houding;

› heldere, directe en concrete communicatie;

› positief stimulerende invloed (je spreekt pedagogisch medewerkers aan op hun sterke kanten en bent erop gericht de talenten binnen het team te herkennen en te verzilveren).

Waar sta je nu?

Om te groeien in je pedagogisch leiderschap is het handig om na te gaan waar je nu staat. Wat doe jij momenteel om je personeel duurzaam professioneler te maken? Op welke manier en met welke intensiteit zorg je dat in het team wordt gesproken over pedagogische kwesties? Welke rol heb jij hierbij? Ben jij faciliterend, stimulerend, ondersteunend, coachend, of juist meer sturend? Sta je aan het begin van het pedagogisch leiderschap, ben je gevorderd of ben je zelfs een voorbeeld voor anderen?

Hoe herken je effectief leiderschap in de praktijk?

Pedagogisch leiderschap is effectief als de pedagogisch leider:

> de gezamenlijke visie van het team en de organisatie herkent en verwoordt;
> garant staat voor de gedeelde begrippen, intenties en doelen van team en organisatie;
> effectief communiceert;
> reflectie aanmoedigt;
> professionele ontwikkeling continu stimuleert;
> de praktijk voortdurend monitort en evalueert;
> haar leiderschap deelt (dat wil zeggen professionele ruimte biedt aan pedagogisch medewerkers);
> aan een lerende gemeenschap en teamcultuur bouwt;
> relaties met ouders en de gemeenschap aanmoedigt en faciliteert;
> kan balanceren tussen leiding nemen en managen.

Bron: Siraj-Blatchford & Manni (2006).

Wat kun je doen?

Zorg voor een vertrouwensbasis

Wederzijds vertrouwen is een belangrijke voorwaarde voor verandering, verbetering en vernieuwing. Als de sfeer niet veilig is, is het lastig om als leidinggevende opbouwende kritiek te leveren en een kritische houding te vragen van de pedagogisch medewerkers.

Het werken aan een vertrouwensbasis schuilt soms in kleine dingen en gebaren. Je bouwt bijvoorbeeld aan die basis door oprechte interesse te tonen in hoe het op de groepen gaat, door pedagogisch medewerkers persoonlijke aandacht te geven, en door psychologische ondersteuning te bieden bij incidenten.

Reserveer ruimte en tijd voor pedagogische gesprekken

Veel leidinggevenden worden opgeslokt door de dagelijkse rompslomp, de 'waan van de dag': vervanging regelen bij ziekte, nieuwe ouders met hun kinderen verwelkomen en de administratie bijhouden. Hoewel dit allemaal bij je takenpakket hoort, reserveert een leidinggevende die goed pedagogisch leiderschap toont, daarnaast ruimte en tijd voor de pedagogische kwaliteit. Dat kan op verschillende momenten en op verschillende manieren: tijdens een informele wandeling op de gang, maar ook tijdens meer formele teambijeenkomsten.

Pedagogisch leiderschap tonen betekent dat je voortdurend de interactie zoekt met de pedagogisch medewerkers over de kern van hun werk: hoge pedagogische kwaliteit bieden en rijke ontwikkelingskansen creëren voor kinderen. Goed leiderschap is geen eenrichtingsverkeer, maar gaat ervan uit dat zowel de leidinggevende als de pedagogisch medewerkers het initiatief kunnen nemen tot gesprekken over de pedagogische kwaliteit. Zorg daarin voor een balans en geef je medewerkers ook de kans hun kijk op dingen met jou te delen.

Spreek hoge verwachtingen uit naar de medewerkers

Het werkt stimulerend als je als leidinggevende hoge verwachtingen uitspreekt naar individuele medewerkers en het team als geheel. Die verwachtingen moeten natuurlijk wel waargemaakt kunnen worden. Zeg niet dat je de beste lerende organisatie van Nederland wilt worden, maar begin klein en zorg dat de eerste stappen een succes worden. Succes smaakt naar meer. Benadruk in het contact de goede en sterke kanten van de pedagogisch medewerkers, sluit daarbij aan en probeer hen een stap verder te helpen in de richting van een lerende organisatie.

Stijlen van leiderschap

In literatuur over leiderschap wordt onderscheid gemaakt tussen verschillende leiderschapsstijlen:

Leiderschapsstijl	Dit type leider zegt bijvoorbeeld:	Dit type leider:
Dwingende stijl	Doe wat ik zeg	eist meegaandheid
Gezaghebbende stijl	Kom met mij mee	beweegt mensen in de richting van zijn visie
Verbindende stijl	Jullie komen op de eerste plaats	creëert harmonie en emotionele verbondenheid
Democratische stijl	Wat denk jij?	smeedt overeenstemming door mensen mee te laten praten
Voortrekkende stijl	Doe zoals ik het doe	stelt hoge eisen aan prestaties
Coachende stijl	Probeer dit eens	ondersteunt mensen bij hun ontwikkeling

De dwingende en de voortrekkende stijl hebben een negatieve invloed op het klimaat binnen je team en op de uiteindelijke prestaties van de medewerkers. Bij de dwingende stijl worden mensen geïrriteerd en gaan ze in verzet; bij de voortrekkende stijl raken mensen overstelpt en uitgeblust. De vier andere stijlen hebben een positieve invloed. Interessant is dat effectieve leiders verschillende leiderschapsstijlen combineren. Dit betekent dat ze ideeën hebben en een visie uitdragen (gezaghebbend), maar dat ze tegelijkertijd kunnen luisteren naar hun mensen en investeren in de relaties (verbindend en democratisch).

Bron: Goleman (2000).

Leef waarden en goed gedrag voor

Om als leidinggevende iets voor elkaar te krijgen, moet je zelf het gedrag voorleven dat je van de pedagogisch medewerkers vraagt (*practice what you preach*). Als je wilt dat je pedagogisch medewerkers openstaan voor opbouwende kritiek, maar je reageert zelf geïrriteerd op een kritische opmerking over jouw functioneren, dan geef je een slecht voorbeeld.

Spreek pedagogisch medewerkers aan op hun gedrag

Bij pedagogisch leiderschap hoort ook dat je pedagogisch medewerkers durft aan te spreken op hun gedrag. Als je op de groep komt en je ziet een pedagogisch medewerker hardhandig twee kinderen uit elkaar trekken, dan kun je dat niet negeren. Laat de pedagogisch medewerker vragenderwijs reflecteren op haar eigen gedrag, en zoek van daaruit samen naar verbeterpunten. Maak afspraken

over goed gedrag en leg deze afspraken vast als je denkt dat dit nodig is.

Reageren op pedagogische vraagstukken

Hoe vaak komen pedagogisch medewerkers uit zichzelf bij je met een vraag die de kern raakt van hun werk: de pedagogische inhoud? En hoe ga je dan met zo'n vraag om?
› Zet je hem op de agenda?
› Stimuleer je de pedagogisch medewerkers om zelf met een antwoord komen?
› Of zeg je dat je daar nu geen tijd voor hebt, maar dat je er later nog wel eens op terugkomt?
› Hoe beoordeel je je eigen reactie?

Coach pedagogisch medewerkers

Ook een luisterend oor hoort bij pedagogisch leiderschap. In de ideale situatie komt een medewerker zelf met een hulpvraag, op basis waarvan jij ondersteuning en begeleiding kunt bieden. Vaak helpt het om dan gericht door te vragen, zodat de medewerker inzicht krijgt in haar eigen gedrag en zelf op oplossingen komt. Waar mogelijk breng je pedagogisch medewerkers in contact met collega's die al ervaring hebben opgedaan met de vraag of het probleem waar het om gaat.

Werk vanuit een coachende houding. Coaching is een vorm van begeleiding en ondersteuning van individuele medewerkers of teams op basis van gelijkwaardigheid en met als doel om het beste uit de mensen te halen. Denk er daarbij aan complimenten te geven voor wat mensen goed doen, want dat werkt aanmoedigend.

Inspiratie

Datagestuurd verbeteren van veiligheid in groepsruimte

Kindcentrum De Pelikaan heeft onderzocht hoe tevreden de klanten zijn en uit de resultaten (ook wel data genoemd, vandaar de term 'datagestuurd verbeteren') blijkt dat de ouders ontevreden zijn over de veiligheid in de groepsruimte. Ze vinden dat er te veel speelgoed rondslingert op de groep als ze de kinderen komen halen. Leidinggevende Lies wil dit aan de orde stellen in het eerstvolgende overleg met de oudercommissie. Dan wil ze goed beslagen ten ijs komen en daarom bespreekt ze de veiligheid in de groepsruimte vooraf uitgebreid met haar team. Ze vraagt de pedagogisch medewerkers of zij:
› deze uitkomst begrijpen en kunnen verklaren;
› voorbeelden van onveilige situaties in hun eigen groep kunnen aanwijzen;
› oplossingen hebben om een veiliger situatie te creëren;
› deze oplossingen willen en kunnen toepassen;
› daarbij haar ondersteuning nodig hebben.

Ook aan de ouders vraagt Lies om verbetersuggesties. Vervolgens worden afspraken gemaakt met het team om de veiligheid in de groepsruimte te verbeteren. Zo komen er lage opbergkasten om het speelgoed snel en makkelijk in te doen en gaan de pedagogisch medewerkers met de kinderen oefenen met een nieuwe groepsregel:

'Spelen doe je hier en lopen kun je daar'. De pedagogisch medewerkers hebben meteen ideeën voor liedjes en spelletjes bij die regel, zodat de kinderen het leuk gaan vinden om te helpen de looproutes vrij te houden van speelgoed. Deze afspraken worden gecommuniceerd met de oudercommissie en met de ouders. Lies controleert in de periode die volgt of de afspraken worden nageleefd in de praktijk. Bij de ouders polst ze of de veranderingen volgens hen hebben geleid tot een veiliger situatie. Door deze manier van werken wordt de veiligheid in de groepsruimte op een systematische en datagestuurde manier verbeterd.

PEDAGOGISCH KADER

Meer lezen over veiligheid in de groepsruimte

› *Pedagogisch kader kindercentra 0-4 jaar*: hoofdstuk 9 (Indeling en inrichting van de buiten- en binnenruimtes)
› *Pedagogisch kader kindercentra 4-13 jaar*: hoofdstuk 16 (Binnen- en buitenruimte)
› *Pedagogisch kader gastouderopvang*: hoofdstuk 2 (Veiligheid en welbevinden)

BORGING

De pedagogische dialoog

Pedagogisch leiderschap kun je eenvoudig in de praktijk brengen door bijvoorbeeld tijdens elk teamoverleg een pedagogisch onderwerp te agenderen. Dit vereist dat je je van tevoren in dit onderwerp verdiept. Wat is er al over bekend vanuit de wetenschap? Zijn er goede praktijkvoorbeelden aan te wijzen? Je kunt de pedagogische onderwerpen zelf aandragen, maar je kunt ook de pedagogisch medewerkers vragen dit te doen. Door aanhoudend aandacht te vragen voor de pedagogische kwaliteit op de groep en daarover met elkaar in dialoog te gaan en gezamenlijk oplossingsrichtingen te verzinnen, ontstaat een vorm van 'collectief leren en handelen'. Deze kleine praktijkaanpassing heeft dan ook een groot effect op je team.

Intervisie over autonomie en zelfstandigheid

Teun, leidinggevende van bso De Reddertjes, merkt dat in zijn team vooral wordt gepraat over de invulling van de vrije tijd, en nauwelijks over inhoudelijke aspecten van het werk. Ook klagen de medewerkers geregeld over veeleisende ouders. Daarom stelt Teun voor om intervisiegesprekken te gaan voeren, zodat de medewerkers ervaringen kunnen uitwisselen, elkaars kennis kunnen benutten en samen tot leren komen. In eerste instantie stuit dit voorstel op enige weerstand, maar de medewerkers stemmen ermee in als de voordelen zijn toegelicht. Gezamenlijk wordt besloten om vier keer per jaar een intervisiebijeenkomst te organiseren. Twee keer per jaar zal Teun een pedagogisch onderwerp aandragen, en de andere twee keer mogen de pedagogisch medewerkers zelf een onderwerp indienen.

De eerste keer kiezen de pedagogisch medewerkers ervoor om te praten over het bevorderen van de autonomie en zelfstandigheid van de kinderen. Ze hebben de indruk dat een groot aantal kinderen te veel leunt op de pedagogisch medewerkers, dat de kinderen nog niet de competenties en het vertrouwen hebben om zelf te kiezen en te doen. Tijdens de intervisie delen de medewerkers hun ervaringen, brengen ze casussen in en praten ze over de verschillende behoeften van kinderen in de leeftijd van 4 tot 8 en van 8 tot 13 jaar.

Tijdens de intervisie benutten ze het *Pedagogisch kader kindercentra 4-13 jaar* als naslagwerk. Wat zeggen de beroepspedagogen erover? Hoe kunnen we de pedagogische tips in de praktijk gestalte geven? Wat spreken we nu af? Hoe zorgen we dat wat is afgesproken ook echt onze nieuwe praktijk wordt? De intervisie wordt geëvalueerd door er bij herhaling op terug te komen. In het begin vindt het team het lastig om onderwerpen in te brengen, omdat je dan jezelf moet laten zien. Gaandeweg wordt het echter normaal om bij elkaar te rade te gaan voor *tips and trics.* Dat is een mooie opbrengst van deze intervisiegesprekken.

PEDAGOGISCH KADER

Meer lezen over autonomie en zelfstandigheid

Pedagogisch kader kindercentra 4-13 jaar: hoofdstuk 2 (Autonomie en participatie)
Pedagogisch kader gastouderopvang: hoofdstuk 8 (Professioneel opvoeden) (dit hoofdstuk gaat deels over het ondersteunen van de autonomie van het kind)

Samengevat

Door pedagogisch leiderschap te tonen, heeft de leidinggevende invloed op de pedagogische inhoud en kwaliteit van de kinderopvang. Gedrag dat kenmerkend is voor pedagogisch leiderschap, varieert van het inroosteren van tijd voor een pedagogische dialoog over aspecten van het werk en het faciliteren van een veilige omgeving waarin opbouwende kritiek wordt geleverd op elkaars werk tot het stimuleren van een werkomgeving die gebruikmaakt van opbrengsten uit zelfevaluaties of extern onderzoek. De kunst van goed pedagogisch leiderschap is je medewerkers permanent te ondersteunen en begeleiden in hun professionalisering. Langzaamaan ontstaat op deze manier een lerende pedagogische gemeenschap, waarin de leden voelen dat ze samen verantwoordelijk zijn voor de ontwikkeling van kinderen.

HOOFDSTUK 6

Monitoren en evalueren: waar staan we?

Zoals elk jaar is er bij kindercentrum Het Zonnehuis een oudertevredenheidsenquête uitgezet. Manager Eefje maakt de resultaten bekend in de teamvergadering. De ouders blijken over de meeste dingen redelijk tot zeer tevreden te zijn,
alleen geven ze meer dan voorheen aan dat ze het halen en brengen wat chao-
tisch vinden verlopen. Bovendien zijn meer ouders ontevreden over het aanbod
van eten en drinken: veel ouders vinden dat er te veel zoetigheid wordt geboden,
op brood, tussendoor en in het drinken.

Eefje bespreekt dit met haar team. Samen besluiten ze eerst te kijken naar het eten en drinken; het halen en brengen bewaren ze voor de volgende vergadering. De medewerkers weten natuurlijk wat er gegeten en gedronken wordt op het kindercentrum en snappen wel waar het commentaar van de ouders vandaan komt. Misschien zijn ze in de loop van de tijd ook wel meer zoetigheid gaan aanbieden. De kinderen eten dat ook zo veel makkelijker! Pedagogisch medewerker Lisanne stelt voor om met een paar ouders te overleggen wat zij graag voor aanbod zouden zien. Dan kunnen ze met de leverancier kijken of dit kan en wat het kost. Het voorstel wordt aangenomen en een week later zitten ze met een groep ouders om tafel. Daar komen de volgende afspraken uit: vruchtenhagel en chocopasta worden niet meer aangeboden voor op brood, de regel 'eerst hartig, dan zoet' wordt ingevoerd, de Roosvicee wordt vervangen door diksap en de koekjes bij de thee worden volkoren biscuitjes. Simpele veranderingen die passen in het budget en ook resultaat opleveren: bij de volgende oudertevredenheidsenquête is de beoordeling van het eten en drinken weer op peil!

PEDAGOGISCH KADER

Meer lezen over eten en drinken

› *Pedagogisch kader kindercentra 0-4 jaar*: hoofdstuk 13 (Eten en drinken)
› *Pedagogisch kader gastouderopvang*: hoofdstuk 2 (Veiligheid en welbevinden)

PEDAGOGISCH KADER

Meer lezen over afscheid nemen

› *Pedagogisch kader kindercentra 0-4 jaar*: hoofdstuk 12 (Wennen, begroeten en afscheid nemen)
› *Pedagogisch kader kindercentra 4-13 jaar*: hoofdstuk 13 (Dagritme)
› *Pedagogisch kader gastouderopvang*: hoofdstuk 2 (Veiligheid en welbevinden)

Monitoring en evaluatie zijn cruciaal voor een lerende organisatie. Door regelmatig en systematisch gegevens te verzamelen en te interpreteren, krijg je zicht op waar je staat. Vanuit de kennis over waar je staat, kun je bepalen wat je doel is. Als je weet wat je doel is, kun je kijken welke stappen je moet nemen om dat doel te bereiken. Vervolgens kun je die stappen nemen en daarna kijk je of ze je dichter bij je doel hebben gebracht. Dit evalueren van de opbrengsten van je acties is de laatste stap, maar ook meteen de eerste stap van een nieuwe ronde van monitoren en evalueren: Waar sta je nu? Ben je dichter bij waar je wilt zijn? Wat kun je verder doen om daar te komen?

Alles wat je wilt veranderen, zou moeten beginnen met kijken wat je uitgangspositie is. Het doel van dit boek is de principes van de lerende organisatie in te zetten om de pedagogische kwaliteit te verhogen. Het ligt dus voor de hand dat je de meeste monitoring- en evaluatieactiviteiten zult richten op die pedagogische kwaliteit en onderdelen daarvan.

Samenhang met andere bouwstenen

Door het monitoren en evalueren van (diverse onderdelen van) je organisatie krijg je dus zicht op waar je staat en van daaruit kun je kijken waar je heen wilt. Bij medewerkers en bij jezelf noem je dit zelfreflectie: door te kijken naar jezelf krijg je zicht op wat je wilt veranderen (zie hoofdstuk 3, *De pedagogisch medewerker* en hoofdstuk 5, *Pedagogisch leiderschap*). Op organisatieniveau reflecteer je op hoe je organisatie ervoor staat: wat kan er beter of anders binnen die organisatie? Om vooruit te kunnen komen en om lerend te blijven, neem je ook álle andere bouwstenen van de lerende organisatie (zie hoofdstuk 1, *De kinderopvang als lerende organisatie*) regelmatig onder de loep. Vanuit dit totaalperspectief kun je bepalen waar ruimte is voor verbetering. Door monitoring en evaluatie ontstaan kansen voor verbetering, maar ook voor verandering en innovatie. De bouwsteen monitoring en evaluatie hangt dan ook sterk samen met de bouwsteen innovatie (zie hoofdstuk 7, *Innoveren: vernieuwing is welkom*).

Monitoren en evalueren in cycli: PDCA en 4D

Een bekende cyclus voor monitoring en evaluatie is de cirkel Plan, Do, Check, Act (PDCA) of Plan, Do, Study, Act (PDSA): je maakt een plan (Plan), voert dat uit (Do), controleert of die uitvoering je dichter bij je doel heeft gebracht (Check of Study) en zo niet, dan kom je opnieuw in actie (Act).

Ook het 'denken in 4D' biedt goede aanknopingspunten om aspecten van je organisatie cyclisch en systematisch te volgen. 4D staat voor Data, Duiden, Doelen, Doen: je meet waar je staat (Data), kijkt wat die gegevens betekenen (Duiden), formuleert de doelen die je wilt bereiken (Doelen) en gaat aan de slag (Doen). Nadat je dingen hebt aangepast (Doen), meet je weer waar je nu staat (Data) en zo ga je verder een volgende 4D-cyclus in. In 4D is dus je huidige situatie het uitgangspunt, en niet, zoals bij de PDCA-cirkel, waar je naartoe wilt (Plan).

Bronnen: Deming (1950); Goudswaard & Vergunst-Duijnhouwer (2011).

Wat zijn de uitgangspunten?

Om te kunnen monitoren en evalueren, heb je gegevens nodig. Dit hoeven echt niet altijd enorme Excelbestanden vol cijfers te zijn. Je kunt bijvoorbeeld ook in je team tellen hoeveel medewerkers voorstander zijn van alleen maar houten speelgoed op de groepen of welke kinderen tegenstribbelen als ze in de regen buiten 'moeten' spelen. Als de gegevens je maar inzicht geven in hoe je ervoor staat, op wat voor aspect dan ook. Voor het monitoren en evalueren is het belangrijk dat je de kernbegrippen 'cyclisch' en 'systematisch' in je achterhoofd houdt.

Meer lezen over spelmaterialen

> *Pedagogisch kader kindercentra 0-4 jaar*: hoofdstuk 9 (Indeling en inrichting van de buiten- en binnenruimtes)
> *Pedagogisch kader kindercentra 4-13 jaar*: hoofdstuk 16 (Binnen- en buitenruimte)
> *Pedagogisch kader gastouderopvang*: hoofdstuk 11 (Aanbieden van spel, activiteiten en spelmaterialen)

Monitoren als cyclisch proces

Monitoren is een cyclisch proces waarin je dezelfde stappen in een vaste volgorde herhaalt. Zo vormt de laatste stap in een 4D-cyclus (Doen) weer aanleiding voor een eerste stap van een nieuwe cyclus (Data). Hoe lang zo'n cyclus duurt, is afhankelijk van wat je monitort. Het is bijvoorbeeld niet zinvol om elke zes weken een NCKO-Kwaliteitsmonitor in te vullen. Vermoed je echter dat er te weinig buiten gespeeld wordt, omdat het vaak regent of omdat de dagen korter worden? Dan kun je hier zicht op krijgen door een paar weken een turflijstje bij te houden. Daarna bespreek je met elkaar hoe het beter kan en een maand later turf je weer om te kijken of er nu meer buiten wordt gespeeld.

Systematisch gegevens vastleggen

Maak duidelijk wat je meet, hoe je dat doet en waar je de gegevens vastlegt. Als je gaat bijhouden hoe vaak pedagogisch medewerkers met de kinderen naar buiten gaan als het regent, zorg er dan voor dat iedereen weet dat het alleen maar gaat om die keren dat het echt regent en plak de lijst waarop geturfd kan worden op een plek die voor iedereen logisch en goed zichtbaar is.

Meer lezen over buiten spelen

› *Pedagogisch kader kindercentra 0-4 jaar*:
  hoofdstuk 9 (Indeling en inrichting van de
  buiten- en binnenruimtes) en hoofdstuk 19
  (Natuur en fysieke omgeving)
› *Pedagogisch kader kindercentra 4-13 jaar*:
  hoofdstuk 15 (Spel- en activiteitenbegeleiding)
› *Pedagogisch kader gastouderopvang*:
  hoofdstuk 11 (Aanbieden van spel, activiteiten en spelmaterialen)

Stel jezelf vragen!

Monitoren en evalueren vraagt dat je met elkaar
regelmatig nadenkt over de volgende vragen:

› Doen we de goede dingen?
› Doen we die dingen goed?
› Hoe weten we dat?
› Weten anderen dat ook?
› En als we het dan allemaal weten, wat doen
  we er dan mee?

Bron: Kamminga & Van der Vloed (2009).

Waar sta je nu?

Wil je zicht krijgen op het monitoren en evalueren in
je eigen organisatie? Sta dan eens stil bij de volgende
vragen. Hoe weet jij waar je organisatie staat op de
punten die jij belangrijk vindt? Gebruik je hiervoor
bestaande instrumenten? Kijk je naar wat de gegevens
betekenen en leid je hieruit af wat er anders kan?
Hanteer je SMART (Specifiek, Meetbaar, Acceptabel,
Realistisch en Tijdgebonden) of SMART-I (I voor
inspirerend) geformuleerde doelen waaraan je met je
team gaat werken? Welke standaard gebruik je hierbij?
Hoe komen fouten aan het licht? Hoe ga je om met
fouten die worden gemaakt? Wat doe je met klachten
van ouders? Hoe meet je of een cursus of training
iets heeft opgebracht? Hoe kijk je wat een ingezette
verandering heeft opgebracht? Leg je dit ook vast,
zodat je ervan kunt leren voor een volgende keer? Is er
voldoende ruimte en tijd om met veranderingen aan
de slag te gaan?

Wat kun je doen?

Gebruik gegevens die je al hebt

In het kader van verschillende wet- en regelgeving
monitor en evalueer je al onderdelen van je organisatie

op een regelmatig terugkerende en systematische manier. Van de gegevens die dit oplevert kun je handig gebruikmaken als je wilt weten waaraan je als lerende organisatie kunt werken. Denk hierbij bijvoorbeeld aan GGD-inspecties, bestandsopnames in het kader van vve, de HKZ-certificering en in- of externe audits. En er zijn nog meer gegevens die je misschien al voorhanden hebt, zoals die uit klanttevredenheidsonderzoeken, medewerkertevredenheidsonderzoeken of eigen analyses naar aanleiding van oudergesprekken of klachten. Er zijn verschillende bureaus speciaal voor de kinderopvangbranche die ondersteuning kunnen bieden bij het verzamelen van gegevens. Om te bepalen waar je staat met de pedagogische kwaliteit, kun je heel goed de gegevens uit de NCKO-Kwaliteitsmonitor, het instrument Zelfevaluatie, Coaching en Beoordeling van het NJi of de Kwaliteitsmonitor BSO van het Kohnstamm Instituut gebruiken.

Gebruik gegevens over kinderen

Ook gegevens die je over de kinderen verzamelt, bieden veel informatie over waar je staat met je kinderdagverblijf. Die gegevens kunnen niet alleen gaan over de ontwikkeling van de kinderen, maar ook over de vaardigheden van je medewerkers om aan te sluiten bij deze ontwikkeling. In het Engels heet dit *response to intervention*: hoe reageren kinderen op wat jouw medewerkers hun aanbieden? Gegevens hierover geven je medewerkers feedback op hun handelen: de reactie van de kinderen laat zien of ze op de juiste manier gehandeld hebben; of ze hun aanbod voldoende hebben afgestemd op de behoeften van het kind. Je kunt hiervoor bijvoorbeeld gegevens uit kindvolgsystemen gebruiken. Vve-programma's hebben een eigen kindvolgsysteem, maar er bestaan ook aparte kindvolgsystemen. Systemen voor baby's en peuters zijn bijvoorbeeld Kijk!, Cito Volgsysteem jonge kind en Doen, Praten en Bewegen.

PEDAGOGISCH KADER

Meer lezen over het observeren van kinderen

› *Pedagogisch kader kindercentra 0-4 jaar*: hoofdstuk 11 (Observeren en plannen)
› *Pedagogisch kader kindercentra 4-13 jaar*: hoofdstuk 17 (Observeren en volgen)

REFLECTIE

Meten is weten: klopt dat wel?

'Meten is weten' en 'alles is data' zijn uitspraken die je vaak hoort als het gaat om monitoren en evalueren. Niet iedereen is even gecharmeerd van de gedachten hierachter. Sommige mensen zijn bang dat al dat meten de mens en het menselijk handelen zou kunnen reduceren tot rijtjes getallen. Hoe denk jij hierover? En wat vindt je team?

Bepaal je standaard

Op basis van gegevens die je verzamelt, stel je vast waar je nu staat. Maar dat zegt nog niet waar je heen wilt. Wat wil je veranderen? En aan de hand waarvan bepaal je dat? Met andere woorden: welke standaard hanteer je hierbij? Je kunt die standaard vaststellen met je medewerkers, aan de hand van landelijke richtlijnen of samen met de andere kindercentra binnen je organisatie. Misschien willen jullie op de NCKO-Kwaliteitsmonitor op alle onderdelen van de interactievaardigheden net zo goed scoren als de gemiddelde uitkomsten van de laatste landelijke peiling (Fukkink e.a., 2013). Dan is dat de standaard die jullie hanteren, want daar willen jullie naartoe. Of misschien willen jullie de lat voor je eigen organisatie wel hoger leggen dan dat gemiddelde en verwacht je dat je medewerkers op alle interactievaardigheden minimaal een score halen van 5 (= matig hoog, op een schaal van 1 tot 7). Voor andere onderdelen die je wilt veranderen binnen je organisatie, kun je op een vergelijkbare manier nadenken over waar je heen wilt. Waarmee willen jullie je eigen resultaten vergelijken en wat is daarbij je streven?

Stimuleer planmatig handelen en denken

Je kunt het lerende vermogen van je organisatie vergroten door iedereen te laten oefenen met het denken en werken in een PDCA-cyclus of een 4D-cyclus. Medewerkers kunnen hun eigen verandertraject ingaan door (beschikbare of zelf te verzamelen) gegevens te interpreteren en op basis daarvan hun veranderdoelen te formuleren en daarmee aan de slag te gaan. Neem het voorbeeld van Lisa, pedagogisch medewerker op kinderdagverblijf Sancho Pancho. Zij wil de verschoonmomenten meer gebruiken als een kans om contact te hebben met het kind en om de ontwikkeling te stimuleren op het gebied van taal en zelfredzaamheid. Ze houdt een week lang op een lijstje bij hoeveel kinderen ze verschoont en bij hoeveel van deze verschoningen ze echt in interactie is met het kind. De uitkomsten geven aan dat ze – hoewel ze door het turven meer aandacht heeft voor de interactie – bij een kwart van de verschoningen haar aandacht op een ander kind richt of in gedachten verzonken is en helemaal niets zegt. Ze stelt zichzelf als doel om in elk geval 90 procent van de verschoningen te benutten voor een interactiemoment. Ze wil dit doel binnen een maand bereikt hebben; daarna gaat ze opnieuw turven.

PEDAGOGISCH KADER

Meer lezen over taalontwikkeling

› *Pedagogisch kader kindercentra 0-4 jaar*: hoofdstuk 18 (Taal en communicatie)
› *Pedagogisch kader kindercentra 4-13 jaar*: hoofdstuk 4 (Leren en ontwikkelen)
› *Pedagogisch kader gastouderopvang*: hoofdstuk 3 (Spelen, leren en de wereld ontdekken)

PEDAGOGISCH KADER

Meer lezen over interactie

› *Pedagogisch kader kindercentra 0-4 jaar*: hoofdstuk 7 (Basiscommunicatie)
› *Pedagogisch kader kindercentra 4-13 jaar*: hoofdstuk 11 (Interactievaardigheden)
› *Pedagogisch kader gastouderopvang*: hoofdstuk 8 (Professioneel opvoeden)

Zie fouten en klachten als verbeterkansen

Klachten en fouten zijn vervelend, maar de manier waarop je ermee omgaat, zegt veel over het lerende vermogen van je organisatie. Je kunt klachten en fouten namelijk zien als aanleidingen om te kijken naar ruimte voor verbetering. Dit veronderstelt wel dat je medewerkers het gevoel hebben dat ze in principe fouten mogen maken en dat ze de ruimte krijgen om hiervan te leren. Het veronderstelt ook dat je je medewerkers de kans geeft om klachten van ouders zelf af te handelen. Ze

leren het meeste als jij hun problemen niet meteen voor hen gaat oplossen. Uiteraard ondersteun je je medewerkers waar nodig, maar het uitgangspunt is dat ze hun kleine problemen zelf oplossen. Leg vragen van je medewerkers ook eens gewoon bij hen terug. Niet door te zeggen: 'Zoek het maar uit', maar door bijvoorbeeld te vragen: 'Welke oplossingen heb je al overwogen? Zijn er nog andere ideeën? Vraag eens bij je collega's na of zij nog tips hebben.' Laat altijd merken dat je betrokken bent en blijft, bijvoorbeeld door te zeggen: 'Ik hoor graag welke oplossing je uiteindelijk kiest en waarom.'

Verbeter, verander en vernieuw!

De PDCA- en de 4D-cyclus zijn voorbeelden van 'enkelslagleren'. Dit is de basis om je situatie te verbeteren. Maar om echt een lerende organisatie te worden, zul je niet alleen je bestaande situatie willen verbeteren, maar af en toe ook dingen rigoureus willen veranderen en je beleid willen aanpassen naar aanleiding van verbeteringen. Dit heet 'dubbelslagleren'. En misschien doe je vanuit de lerende organisatie gaandeweg wel zoveel inspiratie op dat je af en toe iets heel nieuws ontwikkelt: 'drieslagleren'. In hoofdstuk 7 lees je meer over deze vorm van leren, die ook wel innoveren wordt genoemd.

Inspiratie

Kinderen observeren aan de hand van competenties

Kinderdagverblijf De Grobbebollen heeft zijn eigen kindvolgsysteem ontwikkeld. Hierin worden alle kinderen systematisch en cyclisch geobserveerd aan de hand van de competenties uit het *Pedagogisch kader* (emotionele, motorische, sociale, morele, taal, cognitieve en creatieve competenties). Waar nodig maken de pedagogisch medewerkers hiervoor video-opnames van de kinderen en kijken ze met elkaar mee als iets niet helemaal helder is. Aan de hand van de observaties maken de pedagogisch medewerkers voor elk kind een plan om de verschillende competenties verder te stimuleren. Ze stemmen hier de activiteiten op af die ze met de kinderen gaan doen. Vooral als blijkt dat een aantal kinderen er behoefte aan heeft een bepaalde competentie te ontwikkelen, is het aanbod makkelijk af te stemmen. Als het om een enkel kind gaat, is dat natuurlijk lastiger en vergt het wat meer creativiteit, maar het is niet onmogelijk. De volgende vragen kunnen hierbij houvast bieden: Wat hebben we geobserveerd? Wat leert dat ons over het kind? Wat is een goede volgende stap? Of wat heeft dit kind nodig? Waar is de groep aan toe? Hoe kunnen we dit organiseren?

PEDAGOGISCH KADER

Meer lezen over competenties van kinderen

› *Pedagogisch kader kindercentra 0-4 jaar*: hoofdstuk 5 (Pedagogische doelen en competenties van kinderen)
› *Pedagogisch kader kindercentra 4-13 jaar*: hoofdstuk 4 (Leren en ontwikkelen) en hoofdstuk 7 (Vier pedagogische basisdoelen)
› *Pedagogisch kader gastouderopvang*: hoofdstuk 3 (Spelen, leren en de wereld ontdekken) en hoofdstuk 6 (De pedagogische doelen en kwaliteit van de gastouderopvang)

---

de gastouder en de andere kinderen en door de activiteiten en materialen die de gastouder aanbiedt. De structurele kwaliteit heeft te maken met alles wat 'om de opvang heen' is georganiseerd (Hoeveel ruimte is er? Kunnen de kinderen buiten spelen? Hoeveel ervaring heeft de gastouder met het opvangen van kinderen?). Een paar maanden later is het zover: een medewerker van het gastouderbureau komt observeren en video-opnames maken bij Najima thuis. Najima vindt het spannend, ze is het niet gewend om bekeken te worden. Drie weken later worden de resultaten met Najima besproken. Ze krijgt te horen dat ze op heel veel punten goed bezig is. Maar bij het structureren, het opruimen van materialen en het grenzen stellen kan ze wat consequenter en duidelijker worden. Najima weet dat van zichzelf. Zeker als er weinig kinderen bij haar zijn, laat ze hen liever hun gang gaan dan dat ze grenzen stelt, omdat grenzen stellen zo vaak conflicten uitlokt. Ze vindt het mooi dat haar eigen idee hierover wordt bevestigd door de observaties. Samen met haar begeleider van het gastouderbureau maakt ze een plan om dit te verbeteren.

PEDAGOGISCH KADER

Meer lezen over observeren en plannen

› *Pedagogisch kader kindercentra 0-4 jaar*: hoofdstuk 11 (Observeren en plannen)
› *Pedagogisch kader kindercentra 4-13 jaar*: hoofdstuk 17 (Observeren en volgen)

Monitoren en evalueren als gastouderbureau

Najima is al jaren gastouder voor bureau De Veilige Haven. Ze weet dat ze als gastouder ook moet werken aan de vier pedagogische basisdoelen. Ze doet hiervoor ook haar uiterste best, maar wil graag weten of dit ook resultaat heeft. Ze vraagt eens na bij haar gastouderbureau hoe ze daarachter kan komen en hoort dat ze daar bezig zijn om te organiseren dat onderdelen van de NCKO-Kwaliteitsmonitor zullen worden ingevuld voor alle gastouders. Deze monitor van het Nederlands Consortium Kinderopvang Onderzoek (NCKO) is niet voor de gastouderopvang ontwikkeld, maar onderdelen ervan zijn wel bruikbaar om de pedagogische kwaliteit van gastouderopvang te evalueren. Najima leest op internet dat met de NCKO-Kwaliteitsmonitor de proceskwaliteit en de structurele kwaliteit van de opvang in kaart gebracht worden. De proceskwaliteit wordt bepaald door het contact met

---

PEDAGOGISCH KADER

Meer lezen over de vier pedagogische basisdoelen

› *Pedagogisch kader kindercentra 0-4 jaar*: hoofdstuk 5 (Pedagogische doelen en competenties van kinderen)
› *Pedagogisch kader kindercentra 4-13 jaar*: hoofdstuk 7 (Vier pedagogische basisdoelen)
› *Pedagogisch kader gastouderopvang*: hoofdstuk 6 (De pedagogische doelen en kwaliteit van de gastouderopvang)

PEDAGOGISCH KADER

Meer lezen over pedagogische kwaliteit

› *Pedagogisch kader kindercentra 0-4 jaar*: hoofdstuk 1 (De basis)
› *Pedagogisch kader kindercentra 4-13 jaar*: hoofdstuk 8 (Pedagogische kwaliteit)
› *Pedagogisch kader gastouderopvang*: hoofdstuk 6 (De pedagogische doelen en kwaliteit van de gastouderopvang)

BORGING

Gegevens verzamelen en opslaan in een goed systeem

Wil je de gegevens die je verzamelt, optimaal gebruiken voor monitoring en evaluatie? Dan is het handig om zowel voor de verzameling als voor de opslag van de gegevens een goed systeem te kiezen. Welk systeem je kiest is afhankelijk van je eigen voorkeur, de mogelijkheden binnen je organisatie en de gegevens die je wilt bewaren. Het heeft de voorkeur (als dit niet al gebeurd is in het kader van de kwaliteitszorg binnen je organisatie) om kort vast te leggen welke gegevens je verzamelt, met welk doel, op welke manier en hoe vaak en waar ze worden opgeslagen. Dan kan iedereen ze altijd terugvinden. De planning voor het verzamelen van de gegevens kun je meteen overnemen in de agenda.

Samengevat

Het kijken waar je staat en van daaruit bedenken waar je heen wilt (monitoring en evaluatie), vormt de basis voor verbeteren en veranderen. Monitoren en evalueren doe je op basis van gegevens die je verzamelt, op cyclische en systematische wijze. Van daaruit ga je in een PDCA-cyclus (Plan, Do, Check, Act) of 4D-cyclus (Data, Duiden, Doelen, Doen) aan de slag met verbeteren en veranderen. Dit vormt de basis voor het leren binnen je organisatie. Deze principes gelden voor alles wat je wilt verbeteren en veranderen in je organisatie, maar in de kinderopvang uiteraard in het bijzonder voor de pedagogische kwaliteit. Voor monitoring en evaluatie kun je allerlei gegevens gebruiken, zowel op organisatie- als op kindniveau. Verder zijn de volgende tips van belang: weet waar je heen wilt, stimuleer het planmatig denken en handelen, zie fouten en klachten als een kans voor verbetering en denk niet alleen aan verbeteren, maar ook aan veranderen en vernieuwen.

HOOFDSTUK 7

Innoveren: vernieu- wing is welkom

Kinderopvangorganisatie Het Klaverblad wil de komende tijd werken aan de taal- en interactievaardigheden van pedagogisch medewerkers, omdat die de basis vormen voor een goede pedagogische kwaliteit. De laatste jaren zijn er meer doelgroepkinderen komen wonen in de wijken waar Het Klaverblad kinderopvang biedt. Thuis krijgen deze kinderen een minder rijk taalaanbod, wat het taal- en interactieniveau van de pedagogisch medewerkers des te belangrijker maakt.

De directie besluit eerst een probleemanalyse te maken per locatie, per groep en per medewerker en op basis daarvan scholing aan te bieden. Om te beginnen vullen ze het onderdeel 'interactievaardigheden' van de NCKO-Kwaliteitsmonitor in. Uit de uitkomsten daarvan blijkt dat er ruimte is om de taal- en interactievaardigheden van het personeel naar een hoger plan te tillen, vooral op de gebieden ontwikkelingsstimulering en het begeleiden van interacties tussen kinderen. Opvallend genoeg blijkt er ook extra aandacht nodig te zijn voor structureren en grenzen stellen. Het Klaverblad schakelt met overheids-subsidie een trainingsorganisatie in die daarbij kan helpen.

In de trainingen wordt onderscheid gemaakt tussen basis (niveau 1), verdieping (niveau 2) en verbreding (niveau 3). Als pedagogisch medewerkers laag scoren, krijgen ze een basistraining, als ze gemiddeld scoren een verdiepings-training en als ze hoog scoren een verbredingstraining. Zo valt er voor iedereen wat te leren. Het uiteindelijke doel is om alle medewerkers op het hoogste niveau te krijgen.

PEDAGOGISCH KADER

Meer lezen over taal- en interactievaardigheden

› *Pedagogisch kader kindercentra 0-4 jaar:* hoofdstuk 7 (Basiscommunicatie)
› *Pedagogisch kader kindercentra 4-13 jaar:* hoofdstuk 11 (Interactievaardigheden)

Elke organisatie wil vernieuwen, ofwel innoveren. Innoveren is ook de essentie van elke organisatie die lerend wil zijn, want innovaties zorgen voor vitaliteit, wendbaarheid, levensvatbaarheid en bestaanszekerheid. Zijn kinderopvangorganisaties in staat om innovaties tot een goed einde te brengen? Dan betekent dit meestal ook dat ze zich al een heel eind hebben ontwikkeld tot een lerende organisatie. De kernvraag van dit hoofdstuk is: hoe kom je tot innovatie van je pedagogisch beleid en uitvoeringspraktijk?

KENNIS

Wat is innovatief gedrag?

Als mensen openstaan voor innovaties of met innovaties bezig zijn, vertonen ze de volgende gedragskenmerken:

› *pionierend*: uitvinden, exploreren, expe-rimenteren, ondernemen, avontuurlijk en creatief handelen;
› *strategisch:* focussen, doorzetten, inspelen op kansen, resultaat behalen;
› *professioneel:* ambachtelijkheid, (leren) leren, kennis ontwikkelen en creëren, werken aan jezelf en anderen;
› *communicerend:* enthousiasmeren, draag-vlak creëren, samenwerken;
› *verantwoordend:* verantwoordelijkheid nemen, problemen oplossen.

Bron: Koops (2009).

Samenhang met andere bouwstenen

Innovatie hangt samen met bijna alle onderdelen van de lerende organisatie. Wil een organisatie tot innova-ties overgaan, dan moeten de randvoorwaarden daar-voor gunstig zijn (zie hoofdstuk 2, *Faciliteren van een lerende organisatie*). Om innovaties tot een goed einde te brengen is de leidinggevende van groot belang (zie hoofdstuk 5, *Pedagogisch leiderschap*). Idealiter worden innovaties begeleid door monitoring en evaluatie (zie hoofdstuk 6, *Monitoren en evalueren, waar staan we?)*, zodat er indien nodig kan worden bijgestuurd. Innovaties zullen ook moeten passen bij de visie, missie en doelen die de kinderopvangorganisatie nastreeft (zie hoofdstuk 11, *Visie, missie en doelen: natuurlijk je richtsnoeren*). Daarnaast houden innovaties verband met de structuur (zie hoofdstuk 9, *Structureren: flexibel en organisch*) en de cultuur (zie hoofdstuk 10, *Cultuur opbouwen: open en veilig*) van de kinderopvangorga-nisatie. Als de structuur en de cultuur bevorderlijk zijn voor het invoeren van innovaties, dan leidt de innovatie eerder tot het gewenste resultaat, en heeft deze ook een hoger rendement.

Teams die bestaan uit pedagogisch medewerkers met een hoge graad van professionalisering, kunnen innova-ties meestal beter en sneller toepassen en zijn trouwer in het implementeren ervan (zie hoofdstuk 8, *Profes-sionaliseren, planmatig en borgend*, hoofdstuk 3, *De pedagogisch medewerker* en hoofdstuk 4, *Het team*). De aanleiding om te innoveren kan heel verschillend zijn. Voor een deel komen innovaties voort uit ontwikkelin-gen uit de omgeving (zie hoofdstuk 12, *Partnerschap met ouders* en hoofdstuk 13, *Relatie met ketenpartners*). Voor een ander deel komen ze voort uit de organisatie zelf, uit een wezenlijk verlangen om het morgen beter te doen dan vandaag.

KENNIS

Aantrekkelijke innovaties

Innovatie kan bijdragen aan het onderschei-dend vermogen van organisaties. Innovaties die leiden tot kostenverlaging, terwijl de kwaliteit op hetzelfde peil blijft, zijn aantrekkelijk voor de ondernemer in de kinderopvang. Hetzelfde geldt voor innovaties die leiden tot een aanbod dat beter aansluit bij de behoeften van de ouders.

Bron: Berkhout e.a. (2009).

Wat zijn de uitgangspunten?

Een innovatie kun je zien als een oplossing die de bestaande (ongewenste) situatie dichter bij de toekomstige (gewenste) situatie brengt. Innovaties zijn nodig om de kwaliteit van het pedagogisch proces te garanderen. Als een organisatie niet of nauwelijks in staat is om te innoveren, dan is ze nog geen lerende organisatie.

Stimulerende maatregelen voor innovatie

In welke mate neemt jouw kinderopvangorganisatie maatregelen die innovatie stimuleren? Beantwoord bijvoorbeeld eens de volgende vragen:
> Doen wij mee in een lerend netwerk van kinderopvangorganisatie die kennis rondom innovaties met elkaar delen?
> Reserveren wij tijd en geld voor materiaal en scholing?
> Hebben wij een budget voor praktijkgericht onderzoek?
> Huren wij expertise in om ons te laten begeleiden bij veranderingen, verbeteringen en vernieuwingen?

Waar sta je nu?

Misschien komen innovaties in jouw organisatie bijna vanzelf van de grond. Innovaties kunnen echter ook spanning of strijd veroorzaken, waarbij al snel een kamp met voorstanders en een kamp met tegenstanders ontstaan. Het is daarom de moeite waard om op managementniveau eens stil te staan bij de volgende vragen: Als wij een innovatie willen doorvoeren, welke informatie en voorlichting geven we dan vooraf aan ons personeel? Hoe werken we eraan dat er draagvlak onder hen ontstaat? Hoe gaan we als organisatie om met achterblijvers? Hebben we veel externe adviseurs nodig om tot innoveren te komen? Vieren we de successen die we behalen?

Innovaties en het acceptatieproces in een groep

In bijna elke groep die iets nieuws gaat doen, wordt eerst een klein deel enthousiast. De rest volgt langzamer of zelfs veel langzamer, en er is ook altijd een deel dat moeizaam of niet aanhaakt. De Amerikaan Everett Rogers heeft onderzoek gedaan naar dit mechanisme. Hij onderscheidt vijf fasen waarin een innovatie (dit kan zowel een nieuw product zijn als een nieuw idee) achtereenvolgens geaccepteerd wordt door verschillende delen van een groep:

Accepta-tiefase	Groepsdeel	Omschrijving	Gemiddeld aandeel van hele groep
1	Koplopers	Kleine groep die als eerste warmloopt voor de vernieuwing	2,5%
2	Pioniers	Worden net na de koplopers ook enthousiast over de vernieuwing	13,5%
3	Voorlopers	Eerste grote groep die de vernieuwing accepteert. De innovatie krijgt nu optimale kansen en bereikt haar hoogtepunt	34%
4	Latere volgers	De vernieuwing is algemeen bekend en wordt geaccepteerd door een groep latere volgers. De innovatie wordt gewoner en raakt over haar hoogtepunt heen	34%
5	Achterblijvers	De innovatie heeft haar beste tijd gehad en wordt ten slotte ook gekend of geaccepteerd door de achterblijvers	16%

Bron: Rogers (2003).

Hoe zit jouw team in elkaar?

Volgens de theorie van Rogers wordt een nieuw idee in fasen door een groep geaccepteerd. Je hebt koplopers, pioniers, voorlopers, latere volgers en achterblijvers. Hoe is dat in jouw team?

› Heb je voldoende koplopers, pioniers en voorlopers om innovaties van de grond te krijgen?
› Zet je die groepen maximaal in om innovaties te laten slagen?
› Heb je ideeën om de latere volgers en achterblijvers in je team enthousiaster te krijgen?
› Benut je alle mogelijkheden om hierover advies te vragen aan andere leidinggevenden?

Als kinderopvangorganisaties in staat zijn om te innoveren op pedagogisch vlak, kost het ze relatief weinig inspanningen om een lerende organisatie te worden. Binnen kinderopvangorganisaties die het innoveren minder goed in de vingers hebben, ontstaan eerder ophef en tegenwerking en is een lerende organisatie worden een moeizaam proces met een ongewisse uitkomst.

Wat kun je doen?

Schep een sfeer van urgentie

Het is belangrijk dat je team inziet dat het nodig is om zo nu en dan te innoveren. Als pedagogisch medewerkers nut en noodzaak inzien van de gewenste situatie, dan zorgt dat voor draagvlak. Het gevoel van urgentie kan vanuit verschillende hoeken komen. Bijvoorbeeld van binnenuit: observaties van kinderen, kritiek van kinderen, klachten van ouders of ontevredenheid bij pedagogisch medewerkers. Maar ook van buitenaf: een inspectiebezoek van de GGD of Onderwijsinspectie, de terugkoppeling van basisscholen, concurrentieversterking, afspraken van branchepartijen met het Rijk of actuele maatschappelijke ontwikkelingen.

Creëer draagvlak en betrokkenheid

Het is nodig om innovaties al in een vroeg stadium voor te bereiden. De communicatie over de innovatie bepaalt in belangrijke mate of de innovatie wel of niet goed van de grond komt. Zorg dat in alle lagen van de organisatie met één mond over de innovatie wordt gesproken, zodat iedereen hetzelfde eindresultaat voor ogen krijgt. Communicatie heeft ook tot doel om pedagogisch medewerkers deelgenoot te maken van het probleem, de oplossing en de innovatie. Bouw hiervoor als lerende organisatie ook aan een goed werkende structuur (zie hoofdstuk 9, *Structureren: flexibel en organisch*) en cultuur (hoofdstuk 10, *Cultuur opbouwen: open en veilig*).

Maak een flitsende start

Een goed begin is het halve werk. Wat helpt is om een gezamenlijke *kick-off* te houden, die een saamhorigheidsgevoel oproept. Schets daarbij bijvoorbeeld alvast een beeld, bijvoorbeeld met een collage of videofilmpje, van de toekomstige situatie. Dat je hierbij als team op hetzelfde moment met dezelfde dingen bezig bent in een ontspannen sfeer, versterkt het teamgevoel. En een hecht en sterk team is beter in staat om innovaties uit te voeren.

Zet kleine stapjes

Bij innovaties is het belangrijk om kleine stapjes te zetten. Presenteer daarom de hele innovatie in kleine, hapklare brokken aan je team. Maak een uitgestippeld stappenplan en een tijdbalk, zodat je je medewerkers kunt laten zien wat hun te wachten staat. Kleine vorderingen op korte termijn zijn evenzovele successen. Al die kleine successen vormen een sterke aanjager voor de rest van de stappen naar het einddoel.

Wat maakt een innovatie succesvol?

Het succes van innovaties wordt bepaald door de volgende factoren:

› *urgentie:* als een situatie urgent is, ontstaat actie. Denk aan een dringende klantwens, een bedreiging van het voortbestaan van de dagopvang, buitenschoolse opvang of gastouderopvang of wettelijke noodzakelijkheid;

› *leiderschap:* leidinggevenden brengen succes dichterbij door hun team positief te stimuleren, te motiveren en te ondersteunen;

› *aard:* de innovatie moet gelegitimeerd (goedgekeurd) zijn en het moet voor iedereen duidelijk zijn wat de innovatie inhoudt;

› *praxiscultuur:* de betrokkenen moeten in staat zijn de theorie en de ideeën over innovatie te verbinden aan het handelen op de werkvloer;

› *integraliteit:* de innovatie moet volledig en consistent geïntegreerd worden in de manier van werken en leiden tot verbinding en samenwerking;

› *prototypen:* als de medewerkers (tussen)oplossingen concretiseren en proberen, dan draagt dit bij aan de eindoplossing;

› *consolidatie:* het resultaat van de innovatie moet vastgehouden worden, dat wil zeggen geborgd worden in de organisatie;

› *succes:* als gewenste effecten worden bereikt en successen worden behaald, wordt hierover proactief gecommuniceerd en wordt dit gevierd.

Bron: Koops (2009).

Maak innoveren leuk

Innoveren is een serieuze aangelegenheid, die je echter aangenaam kunt inkleden. Een vrolijke noot, humor en relativering kunnen bijdragen aan het succes. Als de inhoud staat als een huis en nauwlettend wordt bewaakt, kun je de innovatie met creatieve werkvormen en middelen op een speelse manier stimuleren. Dat werkt beter dan een theoretische aanpak. Pedagogisch medewerkers zijn immers vooral doeners en zijn eerder mee te krijgen als ze leuke en goede toepassingsmogelijkheden zien.

Vier je successen

Sta als leidinggevende stil bij successen. Besteed aandacht aan wat er goed gaat en prijs je team daarvoor. Een schouderklopje, een hart onder de riem, een vriendelijke glimlach, het zijn allemaal eenvoudige handelingen die het beste uit je personeel halen. Vergeet ook niet om je medewerkers concreet te belonen. Als ouders voor het derde jaar op rij in het klanttevredenheidsonderzoek gemiddeld een 9 geven voor het contact met de pedagogisch medewerkers, dan is dat reden voor feestje, waarbij je een taart laat aanrukken of een fles wijn opentrekt. Niet alleen kinderen, maar ook volwassenen voelen zich positief bevestigd door complimenten en succeservaringen. En dat vertaalt zich in een diepere motivatie voor hun werk en meer betrokkenheid bij de innovatie.

Monitor en evalueer de voortgang

Je doet er verstandig aan om bij innovaties de vinger aan de pols te houden. Dit geldt vooral als het complexe innovaties zijn, zoals het implementeren van vve-programma's of het standaardiseren van de overdracht van kindinformatie naar de basisschool. Met gegevens uit monitoring en evaluatie kun je innovaties tijdig bijsturen (zie hoofdstuk 6, *Monitoren en evalueren: waar staan we?*).

Innovaties borgen

Je kunt innovaties op verschillende manieren borgen:

› *standaardiseren:* je schrijft steeds op hoe je aan de innovatie werkt. Dit biedt een helder handelingskader en voorkomt dat het wiel steeds opnieuw uitgevonden moet worden;

› *belonen:* je biedt je medewerkers de kans om persoonlijk gewin te halen uit de innovatie. Er zijn kinderopvangorganisaties die alleen een eindejaarsuitkering uitkeren als pedagogisch medewerkers een van tevoren afgesproken aantal scholingsmogelijkheden hebben benut;

› *cultiveren:* je maakt het tot gewoonte om de dingen te doen zoals afgesproken. Hiervoor zijn veel aandacht en tijd nodig. Het is de hoogste vorm van borging.

Huur zo nodig externe ondersteuning in

Veel organisaties komen op eigen kracht tot innovaties, en andere organisaties hebben daar hulp van buiten bij nodig. Bij diepgravende innovaties is vaker externe ondersteuning nodig. Bekijk per innovatie of je externe hulp moet inhuren om het gewenste resultaat te bereiken. Hulp van buiten kost je enerzijds een deel van je budget, maar vergroot anderzijds je kans op een succesvolle innovatie.

Inspiratie

Taalwinst boeken door bewustere inzet speelgoed

De pedagogisch medewerkers van kinderdagverblijf De Zeerover willen meer doen met het vele speelgoed op de groepen, omdat ze vinden dat daar veel te weinig uit gehaald wordt. Ze willen bereiken dat het spelen tot meer sprankeling en tot een brede ontwikkeling van de kinderen leidt. Een van hen, Jeffrey, heeft een workshop gevolgd waarin het werken met het boek *Speel Goed* centraal stond. Hij komt enthousiast terug en vertelt vol passie over de vele mogelijkheden van speelgoed. Hij krijgt het team warm om de komende tijd taalverrijkende activiteiten te verzinnen rondom het bouwspeelgoed. De leidinggevende maakt Jeffrey hier de trekker van en geeft hem er taakuren voor. Jeffrey krijgt zo een teamscholende rol, waarbij de leidinggevende hem op de achtergrond zal steunen.

Ze maken een klein handelingsplan en het team gaat aan de slag. Jeffrey doet steeds een spelactiviteit voor en daarna verkennen de teamleden gezamenlijk de mogelijkheden en wisselen ze ervaringen uit. Vervolgens brengen ze deze nieuwe manier van werken met het speelgoed in hun eigen praktijk. Ze beginnen met de houten mozaïekdoos. Daarbij kunnen allerlei stimuleervragen worden gesteld, waardoor de kinderen vaker aan het woord komen. Hun woordenschat wordt verrijkt met woorden als 'passen', 'vergelijken' en 'ruit'. Kinderen leren het verschil tussen 'vierkant' en 'ovaal'. Dat is taalwinst. Als alle pedagogisch medewerkers het mozaïek aan een groepje kinderen hebben aangeboden, evalueren ze in teamverband. Wat zijn de ervaringen? Wat ging goed? Wat kan beter? Wat vonden de kinderen ervan? De ervaringen uit deze evaluatie worden meegenomen naar de verkenning van het volgende speelgoed, LEGO. De pedagogisch medewerkers van De Zeerover vinden het inspirerend om op deze manier van en met elkaar te leren. Ze hebben nu al zin in de volgende ronde met de

LEGO. Stiekem zijn ze ook trots: op eigen kracht hebben ze toch maar mooi een innovatie gerealiseerd.

Verbeteren van de educatieve functie van de kinderopvang

De uitkomsten van het NCKO-onderzoek laten zien dat de educatieve functie van de kinderopvang voor verbetering vatbaar is. Tegelijkertijd pleit de Wetenschappelijke Raad voor het Regeringsbeleid (WRR) ervoor om de kinderopvang een grote rol te geven bij het doelgericht stimuleren van de brede ontwikkeling van jonge kinderen, om zo de economie op lange termijn te versterken. Kinderopvangorganisatie Transformare houdt goed bij wat er in haar omgeving gebeurt en trekt zich deze zaken aan. Ze wil de kinderen meer ontwikkelingskansen bieden en daartoe de omslag maken van een volgende naar een meer leidende pedagogiek. Daarbij oriënteert Transformare zich op de vve-programma's. Ze schakelt een adviseur in om uitleg te geven over de verschillende vve-programma's, de randvoorwaarden, de uitvoeringseisen, de opbrengsten en de subsidiemogelijkheden. Zowel de directie en het management als een delegatie van het team hoort dit advies aan, want de organisatie wil een breed gedragen keuze voor een vve-programma maken. Alle voor- en nadelen van de vve-programma's worden besproken, en dan ontwikkelt zich een voorkeur voor één ervan. Besloten wordt om alle leidinggevenden van de locaties een intensief extern train-de-trainertraject te laten volgen. Na de training zijn de leidinggevenden in staat om het eigen personeel te scholen. Dan volgt een scholingsprogramma van een halfjaar, waarin de pedagogisch medewerkers het werken met het vve-programma oefenen op studiemiddagen, door coaching op de werkvloer en in intervisiebijeenkomsten. Nieuw personeel wordt in de toekomst geselecteerd op kennis en ervaring met vve. Medewerkers die geen vve-training hebben gevolgd, krijgen van de leidinggevende een maatwerktraject aangeboden. Zo wordt de kwaliteit van vve duurzaam geborgd in de organisatie.

Innovatieteam inrichten

Als een organisatie alert wil zijn op innovatiemogelijkheden, is het goed om enkele personeelsleden te vragen permanent hun voelsprieten uit te om nieuwe ontwikkelingen en mogelijke vernieuwingen in het pedagogisch aanbod op te merken. Dit kun je organiseren en borgen binnen een innovatieteam dat je speciaal hiervoor inricht met een mix van managers, inhoudelijk pedagogen en pedagogisch medewerkers. Maar je kunt het ook onderdeel maken van de bestaande overlegstructuur en bijvoorbeeld beleggen bij de pedagogisch adviseurs.

De nieuwe ontwikkelingen die het innovatieteam op het spoor komt, worden in de organisatie geselecteerd, geordend en gewogen. Van daaruit volgt een gezamenlijk besluit over welke innovatie voorrang krijgt. Bij het besluit om een innovatie al dan niet door te voeren helpt het volgende afwegingskader:
› Hoe urgent is de innovatie?
› Hoe uitvoerbaar is de innovatie?
› Hoe betaalbaar is de innovatie?
› Hoe duurzaam is de innovatie?
› Welke effecten verwachten we ervan?

Meer lezen over de ontwikkeling van kinderen
› *Pedagogisch kader kindercentra 0-4 jaar:* hoofdstuk 3 (Ontwikkelen en leren van jonge kinderen) en heel deel 2 (De praktijk), waarvan elk hoofdstuk aandacht besteedt aan het leren en ontwikkelen van kinderen.
› *Pedagogisch kader kindercentra 4-13 jaar:* hoofdstuk 4 (Leren en ontwikkelen).

Samengevat

Innoveren is van levensbelang voor de lerende kinderopvangorganisatie. Innovaties komen tot stand omdat de kinderopvangorganisatie aanwijzingen heeft dat zaken beter kunnen, maar er kan ook een externe aanleiding zijn om te innoveren. Denk aan veranderingen in wet- en regelgeving of ontwikkelingen in de lokale markt. Kinderopvangorganisaties die echt lerend zijn, ondervinden nauwelijks problemen bij het innoveren. In die zin is de energie die het een organisatie kost om te innoveren, een goede toetssteen voor het lerende gehalte van de organisatie.
Een leidinggevende kan het innoveren in goede banen leiden door een sfeer van urgentie te scheppen rondom de innovatie, door te communiceren om draagvlak en betrokkenheid te creëren, door te zorgen voor een flitsende start bij het begin van de innovatie, door te innoveren in kleine stapjes, door het innovatieproces leuk te maken, door successen te vieren, door het innovatieproces en de opbrengsten te monitoren en te evalueren en door zo nodig externe begeleiding en ondersteuning in te huren.

Professionaliseren: planmatig en borgend

Op bso De Vrije Vogel merkt het team dat de oudste kinderen zich beginnen te vervelen. De pedagogisch medewerkers weten niet goed wat ze moeten doen om het hun meer naar de zin te maken. Er is geen geld voor nieuw speelgoed en de naschoolse tijd is zo kort dat het moeilijk is om leuke activiteiten in te roosteren.

Leidinggevende Mariëlle bespreekt het probleem met een collega bij een andere organisatie en hoort dat ze daar een leuke cursus hebben gevolgd over kinderparticipatie en hebben geleerd hoe ze kinderen kunnen laten meedenken en meebeslissen over speelleeractiviteiten tijdens de vakantie. De kinderen en pedagogisch medewerkers moesten er even aan wennen, maar hebben nu de smaak te pakken. Mariëlle legt het idee voor deze cursus voor aan haar team en iedereen is enthousiast. Het team is echter eerder enthousiast aan een cursus begonnen, maar daarvan was een paar weken later niets meer terug te zien op de groep. Om dit te voorkomen, wil Mariëlle deze keer van tevoren afspraken maken over borging. Samen met het team besluit ze dat er één persoon verantwoordelijk wordt voor borging van de nieuwe werkwijze. Sasha ziet die rol wel zitten. Sasha en Mariëlle spreken af dat zij samen met de trainer een borgingsplan zullen maken en aan het team zullen voorleggen. Nadat het team de training gevolgd heeft, plannen Mariëlle en Sasha de eerste drie maanden iedere maandag een overleg van tien minuten. Hierin spreken zij over de voortgang en vertelt Sasha aan Mariëlle welke ondersteuning zij van haar nodig heeft. Pas als ze het er samen over eens zijn dat de nieuwe werkwijze volledig is ingesleten, is dit wekelijks overleg niet meer nodig.

PEDAGOGISCH KADER

Meer lezen over kinderparticipatie

› *Pedagogisch kader kindercentra 4-13 jaar*:
  hoofdstuk 14 (Kinderparticipatie)

Pedagogisch medewerkers in de kinderopvang zijn werkzaam in de sociale sector. Zij dragen een maatschappelijke verantwoordelijkheid als partner van ouders in de opvoeding van kinderen. Deze verantwoordelijkheid vereist een uitstekende kwaliteit in de uitvoering. De ene pedagogisch medewerker slaagt daar bijna van nature in en de andere moet er veel voor leren. Maar hoe goed pedagogisch medewerkers ook zijn in hun werk; zij moeten een leven lang leren. Om bij te blijven in hun vak, om flexibel te kunnen blijven denken en om te kunnen inspelen op veranderingen, bijvoorbeeld op een veranderende omgeving of een manager die het roer omgooit. Pedagogisch medewerkers kunnen ook altijd wel iets bij zichzelf aanwijzen wat ze graag anders zouden zien of willen. Vaak is professionalisering dan de oplossing.

In een lerende organisatie leren pedagogisch medewerkers van zichzelf en van elkaar. Zij dragen kennis aan elkaar over, brengen elkaar vaardigheden bij, reflecteren op elkaars werk en werken in een systeem waarin dat allemaal op een vanzelfsprekende manier wordt geborgd. In dit systeem van kennisdeling, wederzijds

ondersteuning en zelfreflectie is er geregeld behoefte aan nieuwe inzichten: input die voor kwaliteitsverbetering zorgt en die het team zich op een natuurlijke wijze eigen maakt via de lerende organisatie.

Samenhang met andere bouwstenen

Professionalisering hangt samen met alle onderdelen van de lerende organisatie, maar met een aantal onderdelen is het verband het duidelijkst. Zo is er een sterke samenhang met visie, missie en doelen (zie hoofdstuk 11, *Visie, missie en doelen: natuurlijk je richtsnoeren*). Professionalisering moet passen binnen de visie en missie van een organisatie en draagt bij aan een hoger doel: de pedagogische kwaliteit. Ook met faciliteren is een belangrijke voorwaardelijke samenhang: tijd en middelen bepalen de frequentie en intensiteit van professionaliseringstrajecten (zie hoofdstuk 2, *Faciliteren van een lerende organisatie*). Een professionaliseringstraject – intern of met hulp van buiten – sluit vaak aan bij een innovatie in de organisatie (zie hoofdstuk 7, *Innoveren: vernieuwing is welkom*). Professionaliseren brengt, als het goed is, een verandering teweeg bij de individuele pedagogisch medewerkers (zie hoofdstuk 3, *De pedagogisch medewerker*) en in de werkwijze van het team (zie hoofdstuk 4, *Het team*). En ten slotte is actieonderzoek, dat wordt uitgevoerd door het team, een sterk professionaliseringsmodel om duurzame verbeteringen door te voeren (zie hoofdstuk 13, *Relatie met ketenpartners*).

Wat zijn de uitgangspunten?

In de lerende organisatie past alleen professionalisering die de medewerkers en het team duurzaam verder brengt in de pedagogische kwaliteit van hun werk. Daarom wordt elke vorm van professionalisering getoetst aan vier uitgangspunten: de legitimering, het teamleren, het professionaliseringsmodel en de borging.

Legitimering

Het moet voor pedagogisch medewerkers helder zijn hoe een professionaliseringstraject past bij hun persoonlijke ontwikkeling en binnen het beleid van de organisatie. Zij moeten dus nooit de vraag hoeven stellen: 'Waarom moet ik deze cursus eigenlijk volgen?'

Leren in relatie tot kwaliteit

Hoe denk jij over de volgende stellingen?

› Als de kinderopvang het leren en ontwikkelen van kinderen tot zijn kernproces rekent,
kan een kinderopvangorganisatie eigenlijk
niets anders zijn dan een lerende organisatie.

› Als een kindcentrum doorlopende training
met vaste feedbackmomenten aanbiedt
aan zijn medewerkers en de kwaliteit van
het werken in de groepen systematisch
observeert, dan zijn dat op zichzelf belangrijke kwaliteitskenmerken, nog los van het
opleidingsniveau van de medewerkers (Slot
& Leseman, 2011).

Teamleren

Je kunt je medewerkers beter in teamverband laten leren
dan individueel. In teamverband delen zij de leerstof met
elkaar en implementeren ze die eerder in de praktijk.
Actieonderzoek is bij uitstek geschikt om samen te leren
en van elkaar te leren (zie hoofdstuk 13, *Relatie met
ketenpartners*).

Professionaliseringsmodel

Professionalisering betekent niet altijd dat je een expert
moet inhuren om het team te trainen. Trainingen
brengen veel nieuwe inzichten, maar kosten ook geld. En
een expert gaat na verloop van tijd weer weg. Professionalisering kan ook uit het team zelf komen door kennis
en ervaring te delen. Denk bijvoorbeeld aan intervisie,
rollenspel, tutoring, collegiale consultatie, coaching of
senior-juniorstructuren. Deze manieren van professionaliseren geven pedagogisch medewerkers meer eigenaar-
schap over hun nieuwe kennis of nieuwe werkwijze,
want die komt uit het team zelf voort. Voorwaarde is wel
dat er voldoende expertise in huis is.

Veel kinderopvangorganisaties kiezen voor het train-
de-trainermodel. Dit houdt in dat de leidinggevende
een training volgt en haar kennis en nieuwe inzichten
vervolgens overdraagt aan haar team. Op deze manier
sla je minstens twee vliegen in één klap. De leidinggevende kan de kennis binnen haar team verspreiden én
het kennispeil van het team op niveau houden. Dan lekt

Essentie van professionalisering

Professionalisering wordt vaak gedefinieerd
als: een leer- of ontwikkelproces waardoor
medewerkers steeds beter in staat zijn om zich
te verantwoorden tegenover de belangrijkste
partijen waarmee ze te maken hebben. Hoe is
dat bij jullie?

› In hoeverre ben jij als leidinggevende in staat
je te verantwoorden tegenover kinderen,
ouders, collega's, directie, ketenpartners of
GGD-inspecteurs?

› En de pedagogisch medewerkers in je team
of op je locaties? Weten zij waarom ze iets
doen zoals ze het doen? En kunnen ze dat
ook verwoorden tegenover elkaar, de kinderen en de ouders?

Pedagogische praktijkvoor-
beelden bespreken

Bespreek regelmatig een pedagogische
situatie met je collega's, zodat het gewoon
wordt om je eigen pedagogisch handelen
bespreekbaar te maken. Als je (in tweetallen of
in groepen) pedagogische praktijkvoorbeelden
aan de orde stelt, bespreek dan:

› niet alleen slechte voorbeelden, maar ook
goede;

› niet alleen waarneembaar pedagogisch handelen, bijvoorbeeld het terechtwijzen van een
kind, maar ook niet-waarneembaar gedrag,
bijvoorbeeld het denken en voelen dat aan
het gedrag ten grondslag ligt;

› betekenisvolle situaties: onderwerpen in
relatie tot de kinderen, de pedagogiek op de
groep en de samenwerking met je collega.

Bron: Groen (2006).

de expertise ook minder snel weg als een pedagogisch
medewerker vertrekt. Deze werkwijze past goed bij het
pedagogisch leiderschap (zie hoofdstuk 5, *Pedagogisch
leiderschap*).

Borging

Bij goede professionalisering denk je altijd van tevoren na over de borging. Hoe zorg je dat professionalisering echt bijdraagt aan een verandering in de praktijk? Hoe trek je het geleerde door?

Waar sta je nu?

Professionaliseren is geen onbekend terrein voor pedagogisch medewerkers. Net als de onderwijs- en zorgsector wordt de kinderopvangsector regelmatig gevoed met nieuwe stromingen en wetenschappelijke inzichten. Het is goed om eens terug te blikken op de professionaliseringstrajecten die binnen jouw organisatie in het verleden zijn gevolgd en te kijken in hoeverre deze ook iets teweeg hebben gebracht in het team. Zijn er misschien best leuke cursussen gevolgd waar daarna toch nooit meer iets mee is gedaan? En hoe komt dat? Om professionalisering tot een succes te maken, is het belangrijk weloverwogen strategische keuzes te maken. Alleen een geschikt thema is geen garantie voor kwaliteitsverbetering. Het thema moet ook aanslaan. Bij een geslaagd

---

REFLECTIE

Hoe ziet professionalisering in jouw kindcentrum eruit?

Houd als leidinggevende het vraagstuk van professionalisering eens kritisch tegen het licht, bijvoorbeeld aan de hand van de volgende vragen:

› Hoe is het beleid rondom professionalisering in jouw organisatie?
› Hoe groot is het professionaliseringsbudget per medewerker?
› Is professionalisering verplicht of vrijblijvend?
› Is professionalisering incidenteel of structureel?
› Heeft het team inspraak over hoe een professionaliseringstraject wordt ingevuld?
› Past de inhoud van jullie professionaliseringstrajecten in een groter plan?
› Maken jullie gebruik van de expertise van de pedagogisch medewerkers?
› Doe je als leidinggevende actief mee aan professionaliseringstrajecten?
› Maak je van tevoren een borgingsplan?

---

professionaliseringstraject nemen de pedagogisch medewerkers het geleerde op in hun dagelijks handelen.

Wat kun je doen?

Bij de lerende organisatie moeten vier aspecten geïntegreerd worden. In de eerste plaats zal het leren vooral op de eigen werkplek moeten plaatsvinden. In de tweede plaats draait het om organisatieleren. In de derde plaats is het belangrijk om een positief leerklimaat te creëren. In de vierde plaats is het verstandig leerstructuren binnen de organisatie aan te leggen (Örtenblad, 2004). Over deze aspecten lees je in deze paragraaf. Ook komen hier het benutten van de expertise die er al is en het belang van een duidelijk professionaliseringsbeleid en borgingsplan aan de orde.

Organiseer het leren op de werkplek

Het is belangrijk dat medewerkers leren op hun werkplek, en dan op zo'n manier dat wat ze leren maximaal verbonden wordt met wat ze in de praktijk doen. Daarnaast is het nodig om de opgedane kennis en werkwijzen op te slaan in documenten, zoals protocollen, regelafspraken, handleidingen, pedagogische kwaliteitshandboeken en standaarden. De opgeslagen kennis moet nauw aansluiten bij de toepassing in de praktijk, zodat nieuwe personeelsleden makkelijk kunnen aansluiten bij het niveau van inzicht dat het team bereikt heeft.

Doe aan organisatieleren

Organisatieleren wordt wel *on-the-job*-training of *situated learning* genoemd. Uitgangspunt is dat het leren in de dagelijkse praktijk doorgaans meer oplevert dan het leren tijdens een formele cursus. Aansluiten bij de specifieke werkcontext vergroot de toepassingsmogelijkheden. Wil je dus bijvoorbeeld dat de pedagogisch medewerkers meespelen met de kinderen en hun spel verrijken, zoals het *Pedagogisch kader* voorstaat? Dan moeten ze dit onder begeleiding van een expert inoefenen in hun dagelijkse werkzaamheden. Die expert kan overigens ook heel goed een leidinggevende zijn met veel bagage op het gebied van spel en ontwikkeling.

Bevorder een positief professionaliseringsklimaat

In een positief leerklimaat gaat het erom het leren van individuen te faciliteren. Een positief leerklimaat is faciliterend en niet controlerend vanuit de vraag: doen de

pedagogisch medewerkers het wel goed? Als de medewerkers plezier beleven aan leren in een ongedwongen,
ontspannen sfeer, dan lukt het beter om de pedagogische
kwaliteit naar een hoger niveau te tillen (zie hoofdstuk 7,
Innoveren: vernieuwing is welkom).

Schep leerstructuren binnen de organisatie

Een organische en flexibele organisatie (zie hoofdstuk
9, *Structureren: flexibel en organisch*) is beter voor de
leerstructuur dan een bureaucratische organisatie. Personeelsleden leren vooral van de veranderende behoeften,
wensen en eisen van de kinderen en hun ouders. Tijdens
professionaliseringstrajecten is het daarom belangrijk
om ook vraagstukken te behandelen die leven bij ouders
en kinderen.

Het werk binnen een lerende kinderopvangorganisatie
is georganiseerd in teams. Elk teamlid kan bijzondere
expertise inbrengen, maar elk teamlid kan ook een
ander vervangen. Het is goed om teams elkaar te laten
helpen, als het ergens op een onderdeel niet goed gaat.
Overweeg bijvoorbeeld eens om tijdelijk een sterke kracht
in te zetten binnen een wat zwakker team. Die sterke
medewerker kan voor een enorme boost zorgen, mits zij
hiervoor voldoende is toegerust en wordt gefaciliteerd,
bijvoorbeeld met taakuren om collega's te observeren en

> ### KENNIS
>
> ## Vooral leren van het dagelijkse werk
>
> Het 70:20:10-model houdt in dat perso-
> neelsleden van hun leren en ontwikkelen:
> › 70 procent uit het werk zelf halen;
> › 20 procent uit collegiaal samenwerken halen;
> › 10 procent via het scholingsaanbod krijgen
>   aangereikt.
>
> Medewerkers leren dus veel door het dagelijkse
> werken op de groep. Dit informele leren kun je
> versterken door er een vervolg aan te geven, bij-
> voorbeeld door het individuele leren en ontwik-
> kelen tot een collectief gebeuren te maken. Het
> delen van kennis en ervaringen in teamverband
> is een krachtige professionaliseringmethodiek.
>
> Bron: McCall, Lombardo & Eichinger (1996).

te coachen. Zo schep je leerstructuren die de organisatie
flexibel maken. Op deze manier werken vraagt wel veel
scholing en onderhoud van kennis en vaardigheden bij je
medewerkers.

Benut de expertise die er al is

Ga met je team eens na wat er de afgelopen periode, bijvoorbeeld de afgelopen vijf jaar, is gedaan aan professionalisering. Maak een lijst van alle thema's en stel vast in hoeverre je die nog terugziet tijdens het werken op de groep. Inventariseer per traject welke teamleden erbij betrokken waren en in hoeverre zij zich nog verbonden voelen met het thema. Je kunt ze dan een rol geven in het professionaliseren van hun collega's. Is dit niet mogelijk, dan kun je overwegen om opnieuw een expert van buiten in te schakelen. Hier geldt de regel van kwaliteit boven kwantiteit: je investeert je scholingsgeld liever in iets nieuws, maar als met een thema al een begin is gemaakt, is het zonde als daar niets meer mee gebeurt.

Maak van tevoren een borgingsplan

Tijdens een professionaliseringstraject is het zaak zo snel mogelijk aan de slag te gaan met de inhoud. De theorie moet in de praktijk gebracht worden. Maar iedereen heeft het druk en er zijn altijd zaken die voorrang krijgen. Hoe goed de voornemens ook zijn, er gaat steeds weer een dag voorbij zonder dat er iets met de nieuwe kennis gedaan is. Dan komt er onherroepelijk een moment dat iedereen vergeten is waar het ook alweer over ging. Om dit te voorkomen, is het belangrijk dat je een borgingsplan ontwikkelt voordat je een scholingstraject start. Als je een training hebt ingekocht, kan de trainer je hierbij helpen.
In een borgingsplan moet precies staan wat van iedereen verwacht wordt en welke afspraken in de agenda gezet zijn, bijvoorbeeld voor observaties of een evaluatie. Spreek het borgingsplan met alle betrokkenen goed door, zodat iedereen ervan op de hoogte is. Het werkt vaak goed om een teamlid aan te stellen dat het proces op de werkvloer bewaakt. Kies hiervoor een medewerker die enthousiasmeert en van wie collega's iets willen aannemen.

Leg het professionaliseringsbeleid vast

Zorg dat je beleid rondom professionalisering goed beschreven is. In dit beleid staan niet alleen concrete afspraken zoals het aantal scholingsdagen en het budget per medewerker, maar ook de manier waarop keuzes voor professionalisering en scholing tot stand komen. Start een professionaliseringstraject alleen als het goed ingekaderd is. Stem het professionaliseringsbeleid af met het team: wat vinden jullie belangrijk?

BORGING

Maatregelen en acties

De resultaten van professionaliseringstrajecten borgen kan met verschillende organisatorische borgingsmaatregelen die je kunt nemen en borgingsacties die mensen of groepen in de organisatie kunnen ondernemen.

Borgingsmaatregelen:
› Zet de nieuwe werkwijze in alle vergaderingen – op groeps-, locatie- en managementniveau – als vast bespreekpunt op de agenda.
› Hang herinneringen, zoals stappenplannen, in gezamenlijke ruimtes
› Organiseer opfrisworkshops op studiedagen.
› De nieuwe werkwijze is een vast bespreekpunt in functioneringsgesprekken en gesprekken over het persoonlijk ontwikkelplan (POP).
› Werk nieuw personeel vanaf de eerste dag in de nieuwe werkwijze in.
› Besteed in de scholingstrajecten al aandacht aan de lerende houding.

Borgingsacties:
› Een interne coach bewaakt de nieuwe werkwijze door feedback, observaties en video-interactiebegeleiding.
› De pedagogisch medewerkers werken met maatjes die elkaar ondersteunen en feedback geven.
› Elke medewerker stelt leerdoelen op en legt vast wanneer zij deze behaald moet hebben.
› Ervaren pedagogisch medewerkers worden aangesteld als senior en functioneren ook als zodanig. Ze nemen een begeleidende rol aan.
› Alle lagen in de organisatie doen mee:
  » De locatiemanagers zorgen voor borging bij de pedagogisch medewerkers.
  » De regiomanagers zorgen voor borging bij de locatiemanagers.
  » De projectleiders op het hoofdkantoor zorgen voor borging bij de regiomanagers.

Bron: Jepma & Boonstra (2013).

Inspiratie

Video-interactiebegeleiding inzetten

Op kinderdagverblijf De Pompoen ligt op alle groepen een exemplaar van het *Pedagogisch kader kindercentra 0-4 jaar*. Het team gebruikt dit om de eigen kwaliteit te meten, waarbij periodiek een bepaald onderwerp centraal staat. Soms koopt de organisatie een cursus in om de kwaliteiten te versterken, soms gebeurt dat op eigen kracht. Deze periode staan de interactievaardigheden centraal. Pedagogisch medewerkers Hanneke en Soraya geven aan dat ze de essentie snappen van de zes interactievaardigheden en willen het onderwerp graag oppakken. Eerst maken ze filmopnames bij elkaar op de groep om de interactievaardigheden in beeld te brengen, als inspiratie voor het team. Ze selecteren samen de voorbeelden die de interactievaardigheden het best in beeld brengen en organiseren een teambijeenkomst om de fragmenten te laten zien. Iedereen is dolenthousiast. Eén collega is helemaal opgelucht. Zij was bang dat de interactievaardigheden een heel andere aanpak van haar zouden vereisen. Nu ziet ze echter dat je er de kwaliteit waaraan je al werkt, mee kunt aanscherpen, zonder dat meteen alles verandert. Ze geeft zich bij Hanneke en Soraya als eerste op voor video-interactiebegeleiding.

PEDAGOGISCH KADER

Meer lezen over de zes interactievaardigheden

› *Pedagogisch kader kindercentra 0-4 jaar*: hoofdstuk 7 (Basiscommunicatie) en hoofdstuk 18 (Taal en communicatie)
› *Pedagogisch kader kindercentra 4-13 jaar*: hoofdstuk 11 (Interactievaardigheden)

KENNIS

Video-interactiebegeleiding (VIB)

VIB stelt medewerkers in staat heel precies naar hun eigen en elkaars handelen te kijken, aan de hand van filmopnames. VIB werkt volgens vier stappen:

1 Op de groep wordt een aantal video-opnames gemaakt van een pedagogisch medewerker tijdens een gangbare groepsactiviteit (ongeveer vijf minuten per opname).

2 De opnames worden bekeken door de betreffende pedagogisch medewerker en een speciaal opgeleide VIB-begeleider. Deze bijeenkomsten duren ongeveer een halfuur. Een belangrijk uitgangspunt bij VIB is dat de nadruk ligt op succesvolle interactiemomenten. Relevante fragmenten worden stilgezet of herhaald en besproken, zodat de positieve verbale en non-verbale communicatie tussen kind en pedagogisch medewerker duidelijk en bespreekbaar wordt. Zo leert de pedagogisch medewerker goede interactiemomenten te herkennen en uit te bouwen.

3 Een VIB-opleidingstraject kan worden afgesloten met een presentatie van alle deelnemers, waarin ze hun positieve leermomenten aan elkaar tonen.

4 Er worden afspraken gemaakt over het vervolgtraject, waarbij het onderhoud van het geleerde heel belangrijk is. Periodiek worden nieuwe opnames gemaakt en met de VIB-begeleider besproken.

Bron: Linssen (2006).

Opbloeiende locaties door inspirerende training

Kinderopvangorganisatie SKT heeft locaties verspreid over Midden-Nederland. Het valt regiomanager Saskia op een gegeven moment op dat de binnen- en buitenruimtes van alle locaties er ongeveer hetzelfde uitzien. Dat vindt ze gek, want de panden hebben zeer verschillende kenmerken: een hoog plafond, een centrale hal, een tuin met begroeiing, ruimtes die met elkaar in verbinding staan, een grote opslagruimte. Ook het personeel verschilt: van muziekliefhebbers tot paardrijders en van tuiniers tot sportliefhebbers. Saskia concludeert dat de medewerkers niet creatief genoeg hebben nagedacht over de mogelijkheden op hun locatie en besluit dat het tijd is voor een inspirerende cursus. De pedagogisch medewerkers en locatieleiders vinden dit een goed plan. Saskia laat de interne trainers van de organisatie nascholen door een specialist. De interne trainers brengen het geleerde vervolgens over aan al het personeel: niet alleen aan de pedagogisch medewerkers, maar ook aan de locatiemanagers en de regiomanagers. Inmiddels is iedereen geschoold en je ziet de locaties opbloeien. De regiomanagers laten zich tijdens hun locatiebezoeken rondleiden door de locatiemanagers en doen op het hoofdkantoor wekelijks verslag over de ingezette veranderingen. Pedagogisch medewerkers delen foto's met elkaar op het besloten deel van de website. Het onderwerp is zó gaan leven dat het hoofdkantoor plannen maakt om het op te nemen in folders en op de website. De organisatie ademt creativiteit en dat is precies wat Saskia wilde.

PEDAGOGISCH KADER

Meer lezen over de inrichting van binnen- en buitenruimtes

› *Pedagogisch kader kindercentra 0-4 jaar*: hoofdstuk 9 (Indeling en inrichting van de buiten- en binnenruimtes) en hoofdstuk 19 (Natuur en fysieke omgeving)
› *Pedagogisch kader kindercentra 4-13 jaar*: hoofdstuk 16 (Binnen- en buitenruimte)
› *Pedagogisch kader gastouderopvang*: hoofdstuk 12 (Werken in een woonomgeving)

Samengevat

De leidinggevende die met haar team wil professionaliseren, neemt idealiter een aantal uitgangspunten in acht. Zo zorgt ze er in de eerste plaats voor dat de pedagogisch medewerkers heel duidelijk weten waarom zij een scholingstraject ingaan. Om scholing tot een succes te maken, moeten zij er namelijk het nut van inzien. Verder is het beter om medewerkers in teamverband te laten leren dan individueel, want in teamverband kunnen zij hun nieuwe kennis delen en samen zorgen voor realisatie en borging. Belangrijk om bij stil te staan, is dat het niet altijd nodig is om cursussen in te kopen. Soms is er onder het personeel voldoende kennis of ambitie aanwezig om elkaar te professionaliseren. Hiervoor kunnen allerlei methodieken uit de lerende organisatie worden ingezet. Tot slot is het bij professionalisering van vitaal belang om een borgingsplan te maken, want het borgen van nieuw opgedane competenties gaat zelden vanzelf.

Structureren: flexibel en organisch

Cindy, Leroy en Klaske, pedagogisch medewerkers van groep Blauw van kinder-dagverblijf De Regenboog, willen in de Week van het Speelgoed aan alle ouders vragen het dierbaarste speelgoed van hun kind mee te nemen. Dat mag dan een week lang op de groep blijven, op voorwaarde dat andere kinderen er ook mee mogen spelen.

De pedagogisch medewerkers brengen het idee in op de teamvergadering. Ze denken dat ze er de handen voor op elkaar krijgen, maar er ontstaat discussie. Een van de collega's merkt op dat het dan pijnlijk zichtbaar wordt dat het ene kind veel mooier en duurder speelgoed heeft dan het andere, omdat kinderen nu eenmaal opgroeien in gezinnen van verschillende welstandsniveaus. Na wat heen en weer gepraat wordt besloten het idee te ver-vangen door een ander idee: ze gaan de ouders vragen om kosteloos materiaal mee te nemen waarmee ze zelf speelgoed gaan maken met de kinderen. Cindy, Leroy en Klaske zijn eerst wat beduusd door de kritische opmerkingen, maar raken er al snel van overtuigd dat dit een prettiger alternatief is. De manier waarop het besluit is genomen, is tekenend voor de organisatiestructuur van De Regenboog: een meerderheid van het personeel moet een idee zien zitten, anders wordt het weggestemd.

PEDAGOGISCH KADER

Meer lezen over verschillen tussen kinderen en gezinnen

› *Samen verschillend. Pedagogisch kader diversiteit in kindercentra 0-13 jaar*: hoofdstuk 2 (Gezinnen in soorten en maten). Ook de rest van dit deel van het *Pedagogisch kader* gaat over het omgaan met allerlei soorten verschillen

› *Pedagogisch kader kindercentra 0-4 jaar*: deel 2 (De praktijk) besteedt in elk hoofdstuk aandacht aan diversiteit

› *Pedagogisch kader kindercentra 4-13 jaar*: hoofdstuk 6 (Samenwerken met ouders)

Als we het hebben over de structuur van de organisatie, dan gaat het over de manier waarop verantwoordelijkheden, taken en bevoegdheden over de medewerkers zijn verdeeld. Structuur zorgt voor orde in de chaos. In de lerende organisatie is het belangrijk dat die structuur gekenmerkt wordt door samenwerking en afstemming. Idealiter kennen alle medewerkers het antwoord op de vragen: Wie doet wat? Hoeveel ruimte is er voor eigen initiatief? In welke verhouding staan we tot elkaar? Hoe wordt er gestuurd? Wie beslist er uiteindelijk? De structuur van de organisatie bepaalt ook hoe er wordt omgegaan met spontane initiatieven van medewerkers. De lerende kinderopvangorganisatie vraagt om leidinggevenden en pedagogisch medewerkers die intrinsiek (van binnenuit) gemotiveerd zijn om te leren, en die zelf met initiatieven komen om de pedagogische kwaliteit te verbeteren. In de lerende organisatie worden deze initiatieven beredeneerd gehonoreerd of afgewezen. Initiatieven moeten worden getoetst op toegevoegde waarde. Past het voorstel bij de visie, missie en doelen van de organisatie? Wordt de pedagogische kwaliteit er beter van? Zijn ouders hierna tevredener?

REFLECTIE

Ruimte voor eigen initiatief

Hoeveel eigen initiatief is er in jullie organisatie?

› Komen je pedagogisch medewerkers weleens met eigen ideeën aanzetten?

› Hoe gaan jullie om met die ideeën of initiatieven?

› Wat gebeurt vaker: dat de medewerkers zelf met initiatieven komen of dat ze wachten op initiatief van de leidinggevende?

› Past die balans tussen initiatief van bovenaf en van onderop in een organisatie die lerend wil zijn?

› Hoe zou je je pedagogisch medewerkers kunnen verleiden tot meer initiatief?

Samenhang met andere bouwstenen

De structuur van je organisatie is een middel om je doelen te verwezenlijken en houdt verband met alle bouwstenen van de lerende organisatie. In het bijzonder is de structuur verbonden met hoe je als kinderopvangorganisatie werkt aan vernieuwing en verbetering (zie hoofdstuk 7, *Innoveren: vernieuwing is welkom*) en met de cultuur van je organisatie (zie hoofdstuk 10, *Cultuur opbouwen: open en veilig*). Afhankelijk van de organisatiestructuur ben je in staat om adequaat (tijdig, snel, passend, accuraat) in te spelen op nieuwe situaties, omdat je dat zelf wilt of omdat de omgeving daarom vraagt (zie hoofdstuk 12, *Partnerschap met ouders* en hoofdstuk 13, *Relatie met ketenpartners*).

Wat zijn de uitgangspunten?

Of je nu in een grote, middelgrote of kleine organisatie werkt: alle kinderopvangorganisaties kunnen lerend zijn. Er is geen ideale structuur voor de lerende organisatie. Wel is het zo dat elke organisatie een structuur nodig heeft. Zonder een structuur is een organisatie als los zand: bij een beetje wind verwaait het.

In kinderopvangorganisaties met een platte (ook wel horizontale of vlakke) organisatiestructuur zitten

Kernonderdelen binnen een organisatie

Er is veel onderzoek gedaan naar hoe organisaties in elkaar zitten. Erg bekend is het werk van de Canadese organisatiekundige Henry Minzberg. Hij onderscheidt vijf kernonderdelen binnen elke organisatie, die je ook terugziet in de kinderopvang:

> *uitvoerende kern*: de pedagogisch medewerkers, ofwel 'de werkvloer';
> *strategische top*: de centrale directie en het centraal management;
> *ondersteunende diensten*: onder andere pedagogisch adviseurs, human resources managers, kwaliteitszorgmedewerkers en ICT-medewerkers;
> *technostructuren*: de afdeling die de administratie, planning en inroostering regelt;
> *middenkader*: de managementlaag onder de top en boven de werkvloer, in de kinderopvang bijvoorbeeld locatiemanagers.

Bron: Minzberg (2006).

Verhouding samenwerking en autonomie

Hoe ondersteunt de structuur van jouw organisatie pedagogisch medewerkers om een balans te vinden tussen samenwerken en autonoom denken en handelen? Sta hier eens bij stil aan de hand van de volgende vragen:

> In hoeverre moeten de pedagogisch medewerkers in jouw organisatie samenwerken om de primaire taak optimaal te kunnen uitoefenen?
> Hoeveel mogelijkheden hebben de pedagogisch medewerkers in jouw organisatie om samen te werken?
> In hoeverre staat de structuur van je organisatie toe dat pedagogisch medewerkers van elkaar leren en dat ze elkaars kennis, competenties, talenten en ervaring gebruiken?
> Biedt de organisatie hun daarnaast ook ruimte om autonoom te denken en te handelen?

er weinig managementlagen tussen leidinggevenden en uitvoerende pedagogisch medewerkers. Een lerende organisatie krijgt de beste kansen in een zo plat mogelijk georganiseerde structuur. In platte organisaties voelen de medewerkers zich namelijk meer verantwoordelijk en betrokken, wat draagkracht creëert voor de lerende organisatie en er ook energie voor opwekt. Een platte organisatie vergroot de kans dat medewerkers zich willen ontwikkelen en willen leren. Daarentegen ervaren pedagogisch medewerkers minder bewegingsvrijheid in kinderopvangorganisaties met een sterk hiërarchische structuur, waar veel van bovenaf wordt opgelegd. In die organisaties is het lastiger om zelf verantwoordelijkheid te nemen. Een dergelijke organisatiestructuur druist dan ook in tegen de principes van een lerende organisatie. Overigens kun je ook binnen grote(re) kinderopvangorganisaties wel een platte, lerende organisatiestructuur aanjagen, bijvoorbeeld door 'kleinschaligheid in grootschaligheid' te stimuleren (zie de paragraaf 'Wat kun je doen?' in dit hoofdstuk).

Waar sta je nu?

Om zicht te krijgen op het functioneren van jullie organisatiestructuur kun je de volgende vragen beantwoorden:

> Is er tijd en ruimte voor (formeel en informeel) overleg tussen de medewerkers op de werkvloer en de medewerkers op andere niveaus binnen de organisatie?
> Is er sprake van onderlinge afhankelijkheid, waardoor communicatie ontstaat over gemeenschappelijke doelen?
> Is duidelijk wie waarvoor verantwoordelijk is? Worden rollen weleens gewisseld? Of heeft iedereen een vaste rol?
> Draagt de organisatiestructuur eraan bij dat de medewerkers adequaat inspelen op veranderingen die van binnenuit worden ingezet? En op veranderingen van buitenaf?
> Voelen pedagogisch medewerkers zich vrij om met eigen initiatieven te komen?
> Is de organisatiestructuur open en plat?

Je kunt deze vragen voor jezelf beantwoorden, maar nog beter is het om ze te bespreken met je team of met collega-leidinggevenden. Dan kun je samen brainstormen over hoe jullie organisatie ervoor staat ten opzichte van andere organisaties. En je kunt stilstaan bij vragen als: Wat zijn de voor- en nadelen van de verschillende organisatiestructuren? Welke structuur past het beste bij het gedachtegoed van de lerende organisatie?

REFLECTIE

Afgezonderd of open?

Bestieren de pedagogisch medewerkers in jouw organisatie hun eigen 'koninkrijkjes'? Leven ze afgezonderd op 'eilandjes'? Of staan ze open voor verbetersuggesties en laten ze collega's graag meekijken hoe het er bij hen aan toegaat?

Wat kun je doen?

Werk aan een zo plat mogelijke organisatiestructuur

In platte organisaties durven medewerkers meer met eigen initiatieven te komen en zijn ze doorgaans meer betrokken en sterker verbonden bij de organisatie, zodat zij makkelijker kunnen inspelen op veranderingen.

KENNIS

Verschil tussen bottom-up en top-down

Veranderingen lopen op verschillende manieren door een organisatiestructuur. Ze kunnen van bovenaf (top-down) de organisatie in worden gestuurd, maar ook van onderaf (bottom-up) komen. Sturing van bovenaf is doorgaans makkelijker, maar leidt niet altijd tot resultaten die algemeen worden aanvaard en ondersteund. Verandering van onderaf leidt eerder tot geaccepteerde en uitvoerbare resultaten, maar kan ook tot grote verschillen leiden tussen de verschillende groepen en tussen individuele pedagogisch medewerkers. Bij stimulering van onderaf is het belangrijk oog te hebben voor de consistentie en de samenhang van de verandering.

Bron: Van Wieringen e.a. (2004).

Het is niet zo dat alleen kleine kinderopvangorganisaties een platte structuur hebben. Ook grote organisaties zijn langs deze lijn te organiseren. Om dit te bereiken, kun je functionele groepen inrichten, zoals werk- of projectgroepen die een duidelijk afgebakende opdracht hebben. Ook het werken met zelfsturende teams past in het streven naar een platte structuur. Dit vraagt wel een aantal duidelijke afspraken, zoals: Welk mandaat heeft het team? Op welke manier worden de opbrengsten gecontroleerd en geëvalueerd? Heeft het zelfsturende team een eigen, vrij besteedbaar budget?

Houd de lijnen binnen de organisatie kort

Korte lijnen maken een organisatie slagvaardiger: er kunnen snel beslissingen worden genomen, die ook gelegitimeerd zijn. Het werkt voor medewerkers demotiverend als zaken langs drie (of meer) schijven moeten en het onnodig lang duurt voordat ze antwoord krijgen op een vraag.

KENNIS

Substructuren in een organisatiestructuur

Kinderopvangorganisaties bevatten een aantal substructuren:

› *beslissingsstructuur*: wie neemt waarover besluiten?
› *taakstructuur*: hoe is het werk verdeeld over leidinggevende, team en kinderen?
› *communicatiestructuur*: welke personen en groepen krijgen met elkaar te maken omdat ze bijvoorbeeld verantwoordelijkheden delen, taken samen doen of het rooster opstellen?

Deze substructuren bestaan zowel op organisatie- als op locatieniveau. Er is niet één beste manier waarop een kinderopvangorganisatie haar activiteiten kan organiseren. Sommige structuren werken onder bepaalde omstandigheden beter dan andere. Het is de kunst om de balans te vinden tussen stabiliteit en vernieuwing. Gevestigde structuren bieden veiligheid en vertrouwen. Te snelle veranderingen kunnen een te groot beroep doen op het draagvlak in de organisatie.

Bron: Dalin (1989).

Verdeel taken en verantwoordelijkheden duidelijk

Er zijn locaties voor dagopvang en buitenschoolse op-vang waar iedere pedagogisch medewerker min of meer hetzelfde takenpakket heeft. Dat is niet altijd efficiënt, je kunt taken soms beter differentiëren op interesses, competenties en expertise. Pedagogisch medewerkers die affiniteit hebben met dans en drama, kun je dan de bijzondere taak geven om een nieuw creatief activitei-tenaanbod te maken.

Behalve op taak kun je ook differentiëren in functie. Er zijn kinderopvangorganisaties die senior pedagogisch medewerkers aanstellen en ook als zodanig inschalen. Zij werken soms mee op alle groepen om verbeteringen en vernieuwingen te helpen invoeren of om als rolmodel te fungeren voor de overige pedagogisch medewerkers. Als je een medewerker een bijzondere positie geeft binnen de organisatie, dan is het belangrijk dat zowel deze per-soon zelf als haar collega's, duidelijk weten hoe de taken en verantwoordelijkheden zijn verdeeld. De positie van de senior pedagogisch medewerker ten opzichte van de rest van het team mag niet ter discussie staan. Ook over de verhouding tussen de senior pedagogisch medewerker en de leidinggevende moeten heldere afspraken worden gemaakt. Vervangt de senior pedagogisch medewerker de leidinggevende bijvoorbeeld bij ziekte?

REFLECTIE

Verschillen tussen formele en informele structuur

Veel organisaties hebben een formele en een informele structuur. De formele structuur laat zien hoe de organisatie 'op papier' in elkaar zit en hoe ze functioneert, bijvoorbeeld welke organisatielagen er zijn en hoe de officiële onderlinge verhoudingen zijn. Daarnaast heb je de feitelijke gang van zaken, ofwel de informele structuur: hoe het er in het echt aan toegaat in de organisatie.

Sta eens stil bij de formele en informele struc-tuur in jouw organisatie. In hoeverre komen de formele en de informele structuur binnen jouw organisatie overeen? Is de bestaande struc-tuur efficiënt en effectief als het erom gaat de kwaliteit te verbeteren?

Creëer een efficiënte en interactieve vergadercultuur

Een lerende organisatie gedijt bij een gezonde vergader-cultuur. Vergader niet meer dan noodzakelijk en maak een uitnodigende agenda, waarbij ook teamleden agendapunten mogen aandragen. Zorg dat vergaderingen een vervolg krijgen: maak een actiepuntenlijst, wijs per actie een probleemeigenaar aan en stel een deadline.

Het is belangrijk dat teamleden inspraak hebben. In een vergadering doe je dus niet alleen mededelingen, want dat is eenrichtingsverkeer. Een goede vergadering is een geregelde gedachtewisseling tussen een groep professionals. Daarbij kun je als leidinggevende altijd de voorzittershamer hanteren, maar je kunt het voorzitterschap ook laten rouleren onder de pedagogisch medewerkers en hen zo betrekken bij de voorbereiding, het ontwerp en de uitvoering van het pedagogisch beleid. Dan committeren ze zich eerder aan de uitvoering ervan en worden veranderingen makkelijker geaccepteerd. Zo bevorder je met een gezonde en interactieve vergadercultuur de lerende organisatie.

Geef ruimte aan initiatieven van de werkvloer

Hoeveel ruimte bied je als organisatie aan je medewerkers? Leg je alles van bovenaf op of krijgen medewerkers alle vrijheid? Het ideaal ligt in het midden. Vind dus de juiste balans tussen sturing en vrijheid. Soms is een verandering nodig door een duidelijke aanleiding van buiten (verandering van wet of beleid), soms ontstaat een initiatief omdat medewerkers iets willen veranderen. Krijgen de pedagogisch medewerkers veel autonomie voor eigen initiatieven om hun werk of de omstandigheden daaromheen te veranderen? Gebruik dan een vast afwegingskader om de initiatieven aan te toetsen.

KENNIS

Afwegingskader

Door een afwegingskader te gebruiken, verzamel je argumenten om een idee, initiatief of oplossing beredeneerd te honoreren of af te wijzen. Maak je afwegingen aan de hand van de volgende vragen:

› Voor welk probleem is dit een oplossing (nut en noodzaak)?
› Past het binnen het pedagogisch beleid (missie, visie en doelen)?
› Is de oplossing proportioneel (verhouding tussen probleem en oplossing)?
› Wat is er al over bekend, wat zijn ervaringen elders (kennis en ervaringen)?
› Wat zijn alternatieve oplossingen (unieke toegevoegde waarde)?
› Wat levert deze oplossing op (opbrengsten)?
› Zijn er (extra) kosten verbonden aan de oplossing of draagt deze bij aan kostenvermindering, met waarborg voor minimaal dezelfde pedagogische kwaliteit (financiën)?
› Is deze oplossing praktisch uitvoerbaar (haalbaarheid)?

KENNIS

Organische structuur

Bij de kinderopvang, die werkt in een zeer veranderlijke omgeving, past een organische structuur. Een organische structuur heeft de volgende kenmerken:

› De taakverdeling is erop gericht kennis en expertise te verspreiden in de hele organisatie.
› Individuele taken zijn realistische afsplitsingen van het functioneren van de organisatie als geheel.
› De taken worden voortdurend aangepast als gevolg van de interactie met anderen.
› Verantwoordelijkheden zijn niet strikt verdeeld en worden niet afgeschoven op anderen.
› Controle, autoriteit en communicatie hebben een netwerkachtig karakter.
› Kennis is niet geconcentreerd bij de top, maar verspreid door de organisatie.
› Informatie-uitwisseling en advies zijn belangrijker dan instructies en beslissingen van bovenaf.
› Verbondenheid met de organisatie en haar taken is belangrijker dan gehoorzaamheid en loyaliteit.

Bron: Van Wieringen e.a. (2004).

Inspiratie

Ontwikkelteam: gedragsprotocol bij ruzies tussen kinderen

Opstootjes, ruzie maken: het gebeurt regelmatig op kinderdagverblijf De Vuurtoren. De pedagogisch medewerkers gaan hier verschillend mee om en weten dat van zichzelf. Leidinggevende Paulien ziet hier een zekere handelingsverlegenheid bij haar pedagogisch medewerkers. Daarom zet ze het punt op de agenda van een teambijeenkomst. Iedereen mag een voorbeeld inbrengen. Er zit veel overlap in de voorbeelden die worden gegeven. Een van de grootste problemen is dat er kinderen zijn die bijten, schoppen of slaan bij een conflict. Dit is soms ook zichtbaar in een blauwe plek of beet bij kinderen. Daarvan moeten de ouders op de hoogte worden gesteld. Pedagogisch medewerkers geven aan dat ze het lastig vinden om conflicten te voorkomen en te begeleiden en hierover wanneer nodig in gesprek te gaan met ouders. Ze formeren een klein ontwikkelteam dat onder leiding van Paulien een gedragsprotocol gaat ontwerpen, aan de hand van de vraag: Hoe voorkomen en begeleiden pedagogisch medewerkers van De Vuurtoren conflicten tussen kinderen?

Deze aanpak past bij de organisatiestructuur van De Vuurtoren. Het ontwikkelteam bestaat uit twee pedagogisch medewerkers die een aanzet maken. Ze kiezen voor een eenvoudige opzet. Wat doe je wel en niet (*do's* en *don'ts*) als pedagogisch medewerker voor, tijdens en na een conflict? Achtereenvolgens staan ze stil bij preventie, behandeling en nazorg bij conflicten. Ook de communicatie met ouders is onderdeel van het protocol. De pedagogisch medewerkers krijgen ontwikkeluren voor deze extra taak. Ze verdiepen zich in theorie en praktijk van conflicten tussen kinderen aan de hand van het *Pedagogische kader*. Andere pedagogisch medewerkers erkennen hen als experts op dit punt. Het eindproduct is een protocol waarin staat hoe op welk moment te handelen ten opzichte van kinderen en ouders bij conflicten tussen kinderen. Ze spreken af dat ze het protocol jaarlijks toetsen aan de ervaringen van de pedagogisch medewerkers. Op die manier blijft het optimaal toegespitst op de actualiteit.

PEDAGOGISCH KADER

Meer lezen over omgaan met conflicten tussen kinderen

> *Pedagogisch kader kindercentra 0-4 jaar*: hoofdstuk 17 (Samen spelen en samenleven)
> *Samen verschillend. Pedagogisch kader diversiteit in kindercentra 0-13 jaar*: hoofdstuk 3 (Hoe kinderen omgaan met diversiteit)
> *Ieder kind een eigen verhaal. Samen verschillend in kindercentra*: hoofdstuk 3 (Zo veel kinderen, samen één groep)

Pedagogisch documenteren: omgaan met kinderen met een beperking

Op bso De kleine Zeerover zit sinds kort Michiel, een kind met het syndroom van Down. Michiel gaat overdag naar basisschool De Zeerover en na schooltijd naar de inpandige bso. De leidinggevende en een pedagogisch medewerker van het team overleggen met de groepsleerkracht van de basisschool en de ouders over hoe Michiel probleemloos kan deelnemen aan de bso. Welke behoeften heeft hij? Wat werkt wel en niet? Ze besluiten om samen een handelingsplan te schrijven met achtergrondinformatie en concrete, handelingsgerichte activiteiten. Omdat alle teamleden van De kleine Zeerover het spannend vinden om Michiel in de groep te hebben, willen ze graag regelmatig ervaringen uitwisselen. Niet alleen onder elkaar, maar in eerste instantie ook met de groepsleerkracht van de basisschool.

In overleg met de basisschool kiezen ze ervoor te gaan werken met 'Pedagogisch documenteren'. In die methodiek maak je met beeldmateriaal ervaringen zichtbaar en bespreekbaar door te kijken, te luisteren en in te spelen op wat je ziet en hoort. De betrokken teamleden van De kleine Zeerover en De Zeerover gebruiken de methodiek om in dialoog afspraken te maken over de beste pedagogische benadering van Michiel. De bedoeling is de documentatie ook te gebruiken om de ouders te informeren en met hen te communiceren over hoe Michiel functioneert. Het beeldmateriaal vormt het uitgangspunt om in gesprek te gaan en te blijven.

PEDAGOGISCH KADER

Meer lezen over omgaan met kinderen met een beperking

> *Pedagogisch kader kindercentra 0-4 jaar*: hoofdstuk 3 (Ontwikkelen en leren van jonge kinderen) en hoofdstuk 17 (Samen spelen en samenleven)
> *Pedagogisch kader kindercentra 4-13 jaar*: hoofdstuk 4 (Leren en ontwikkelen), hoofdstuk 5 (Relaties in de groep) en hoofdstuk 11 (Interactievaardigheden)
> *Samen verschillend. Pedagogisch kader diversiteit in kindercentra 0-13 jaar*: hoofdstuk 5 (Kwetsbare kinderen in de groep)
> *Pedagogisch kader gastouderopvang*: hoofdstuk 4 (Leren omgaan met anderen: sociale relaties) en hoofdstuk 10 (Kinderen samen laten opgroeien)

Samengevat

De structuur van de lerende organisatie bepaalt hoe de verantwoordelijkheden, taken en bevoegdheden over de medewerkers zijn verdeeld. De structuur is ook een belangrijk middel om een hoge pedagogische kwaliteit na te streven. Er is geen ideale structuur voor de lerende organisatie. Wel doe je er als leidinggevende goed aan om de organisatiestructuur zo plat mogelijk te houden, de lijnen tussen de lagen van de organisatie en het personeel kort te houden, de taken en verantwoordelijkheden helder te verdelen, te werken aan een efficiënte en interactieve vergadercultuur en ruimte te geven aan initiatieven van de werkvloer. In de ideale structuur werk je ten slotte ook aan een evenwicht tussen verbeterinitiatieven van bovenaf (top-down) en van onderop (bottom-up). Het is daarbij raadzaam om initiatieven te toetsen aan een vast afwegingskader, omdat een gefundeerde afweging nodig is om verbeteracties al dan niet groen licht te geven.

HOOFDSTUK 10

Cultuur opbouwen: open en veilig

Het rommelt een beetje in de groep van Joel. De kinderen zijn vaak onrustig, luisteren matig en werken maar weinig mee. Joel vermoedt dat dit komt doordat er een paar al aardig aan het puberen zijn. Zij trekken de rest mee. Ze verzetten zich vooral tegen een aantal regels van de groep.

Joel heeft in het *Pedagogisch kader kindercentra 4-13 jaar* gelezen dat het goed is om groepsregels eens in de zoveel tijd ter discussie te stellen en de kinderen hierbij te betrekken. Dan kun je regels formuleren in de vorm van afspraken en wordt het voor kinderen makkelijker

om zich eraan te houden, ze hebben dan immers zelf meegedacht en afgesproken dat ze het zo zouden gaan doen. Terwijl Joel en zijn collega's brainstormen over een manier om hier met de kinderen mee aan de slag te gaan, zegt een van hen: 'Het zou ook goed zijn om de regels en afspraken die voor ons gelden eens met elkaar te bespreken! Wat voor de kinderen geldt, geldt voor ons net zo goed. Ik ben het ook niet overal mee eens en zou best willen kijken of we sommige afspraken kunnen herzien. Zou dat niet goed zijn voor het draagvlak voor onze eigen regels?' De anderen vallen haar bij: 'Dat is een goed idee, laten we samen kijken wat we nou echt belangrijk vinden en waarmee we het eigenlijk niet eens zijn en waarom dan niet!'

PEDAGOGISCH KADER

Meer lezen over regels in de opvoeding

› *Pedagogisch kader kindercentra 0-4 jaar*: hoofdstuk 6 (Samenwerken in de groep)
› *Pedagogisch kader kindercentra 4-13 jaar*: hoofdstuk 12 (Organisatie van de groep)
› *Pedagogisch kader gastouderopvang*: hoofdstuk 8 (Professioneel opvoeden)

De cultuur binnen je organisatie is erg bepalend voor het lerende vermogen van je organisatie. Dat heeft te maken met het feit dat de voorwaarden gunstig moeten zijn voordat mensen willen of kunnen leren. Dat geldt ook voor jezelf; wanneer je moe bent, honger hebt of je zorgen maakt, staat je hoofd niet naar leren, en als je dan toch moet leren, gaat het veel lastiger. Ook het leren in organisaties komt pas tot stand als mensen zich veilig genoeg voelen om dingen te proberen, als de communicatie open en duidelijk is en als de aanspreekcultuur betrokken en open is.

Een belangrijk aspect van cultuur wordt gevormd door de zogenoemde mentale modellen binnen een organisatie en van de medewerkers van die organisatie. De term 'mentale modellen' verwijst naar de waarden, normen, attitudes, verwachtingen, aannames en heersende ideeën en opvattingen van zowel leidinggevenden als medewerkers van een organisatie. Samen te vatten als: 'dit vinden wij.' Wat je in een organisatie met elkaar vindt, bepaalt ook waarom je de dingen in die organisatie doet zoals je ze doet. De mentale modellen worden dus zichtbaar in het gedrag dat de mensen binnen de organisatie laten zien: 'zo doen wij dat hier.'

KENNIS

Verschijningsvormen van cultuur

Hoe maak je het abstracte concept 'cultuur' concreter, om vervolgens de cultuur in je eigen organisatie te begrijpen en zo nodig om te buigen in de richting van een lerende organisatie? De cultuur in een organisatie wordt voelbaar en zichtbaar op allerlei manieren. De Amerikaanse psycholoog Schein onderscheidt er tien:

› *waargenomen gedragsregels bij interactie tussen mensen*: de gebruikte taal, de gewoonten en tradities en de rituelen;
› *groepsnormen*: impliciete normen en waarden;
› *expliciete waarden*: zoals opgeschreven in documenten;
› *formele filosofie*: het beleid en de ideologische principes van de organisatie;
› *spelregels*: de impliciete regels waaraan je je moet houden om bij de organisatie te horen;
› *klimaat*: het gevoel dat wordt overgedragen in een groep;
› *veronderstelde vaardigheden*: speciale competenties die groepsleden laten zien als ze bepaalde taken uitvoeren (niet opgeschreven);
› *denkwijzen*: de gedeelde cognitieve kaders (mentale modellen);
› *gedeelde zingeving*: een gedeeld gevoel van 'hier doen we het voor';
› *metaforen*: ideeën, gevoelens en imago's die groepen ontwikkelen om zichzelf te karakteriseren.

Bron: Schein (1992).

Samenhang met andere bouwstenen

Heerst in een organisatie een open cultuur, waarin fouten gemaakt mogen worden en waarin feedback geven en ontvangen een normale gang van zaken is? Dan zijn monitoring en evaluatie (zie hoofdstuk 6, *Monitoren en evalueren: waar staan we?*) minder een bedreiging voor de individuele medewerker. Als leidinggevende (zie hoofdstuk 5, *Pedagogisch leiderschap*) speel je een belangrijke rol in het vormgeven van de cultuur binnen je organisatie, maar uiteraard zijn je individuele medewerkers (hoofdstuk 3, *De pedagogisch medewerker*) en het team als geheel (hoofdstuk 4, *Het team*) hierin belangrijke partners. Als de cultuur van de organisatie ruimte laat voor autonomie en eigen verantwoordelijkheid, worden visie, missie en doelen (zie hoofdstuk 11, *Visie, missie en doelen: natuurlijk je richtsnoeren*) eenvoudiger gemeenschappelijk vormgegeven. Daardoor worden ze breder gedragen, wat weer versterkend werkt op het lerend vermogen van je organisatie. In een lerende cultuur ontstaat makkelijker initiatief en draagvlak voor innovaties (hoofdstuk 7, *Innoveren: vernieuwing is welkom*) en wordt ook makkelijker ingespeeld op veranderingen in de omgeving (hoofdstuk 12, *Partnerschap met ouders* en hoofdstuk 13, *Relatie met ketenpartners*).

Wat zijn de uitgangspunten?

De cultuur van een lerende organisatie wordt gekenmerkt door ruimte en veiligheid om fouten te maken, dingen te proberen en eigen initiatief te nemen. De lerende organisatie is gericht op oplossingen en verbetering en biedt medewerkers ruimte voor autonomie en eigen verantwoordelijkheid. Binnen de lerende organisatie spreekt iedereen eenzelfde taal en hanteert iedereen hetzelfde begrippenkader. Ook delen de leden van de organisatie de opvattingen en uitgangspunten die bepalend zijn voor de organisatie (mentale modellen). Bovendien heerst er een open aanspreekcultuur: mensen zijn eraan gewend om positieve en negatieve feedback te geven en ook te ontvangen. Als er onenigheid is, wordt die bij voorkeur opgelost door dialoog en discussie.

Waar sta je nu?

Wil je eerst zicht krijgen op de cultuur van je eigen organisatie? Sta dan eens stil bij de volgende vragen. Hoe ga je om met fouten die medewerkers maken? Bied je ze ruimte om te experimenteren en dingen te proberen? Wat doe je met suggesties van medewerkers om aspecten van de organisatie te verbeteren? Geef je ze de kans hiermee aan de slag te gaan? Neem je hun voorstellen mee in het vormgeven van je beleid? Durven medewerkers elkaar en jou aan te spreken op zaken die verbetering vragen? Geven jullie elkaar regelmatig een compliment? Ga jij echt met je medewerkers in dialoog over het werk en over de organisatie? Of vertel je ze liever hoe jij vindt dat iets moet gebeuren? Spreken jullie allemaal dezelfde taal? Of begrijpen jullie elkaar vaak niet? Weet iedereen in de organisatie waarom dingen op een bepaalde manier gedaan worden? Wat de gedachten daarachter zijn? Met andere woorden:

wat de mentale modellen zijn? En weet jij van je medewerkers wat voor hen leidend is in hoe ze omgaan met hun werk, ofwel: wat hun mentale modellen zijn?

> **REFLECTIE**
>
> ## Wat zijn jouw mentale modellen?
>
> Jouw werk als leidinggevende wordt sterk bepaald door je eigen mentale modellen. Ga eens bij jezelf na of je kunt achterhalen wat voor jou leidende principes zijn in hoe je de dingen aanpakt in je werk. Als je hier beter zicht op hebt, kun je ook makkelijker bijsturen als blijkt dat die principes niet altijd handig zijn. Vraag je daarom eens het volgende af:
>
> › Wat zijn jouw uitgangspunten? Waar streef je naar? Verwacht je datzelfde van je medewerkers of gelden voor hen andere regels dan voor jou? Ben je misschien strenger voor jezelf dan voor je medewerkers? Of juist andersom?
> › Wat bepaalt hoe jij op situaties reageert? Ben je soms misschien star of juist altijd heel flexibel, of hangen je reacties sterk af van de situatie?
> › Waardoor worden jouw keuzen gestuurd? Zijn dat ideeën die je van huis uit hebt meegekregen? Of in je opleiding? Of van collega's?
> › Betrap je jezelf weleens op een vooroordeel of kijk je meestal met een open blik?

Wat kun je doen?

Ga met je medewerkers in dialoog

Medewerkers die zich gezien en gehoord voelen, voelen zich meer betrokken bij de organisatie en voelen zich daardoor ook eerder verantwoordelijk voor het reilen en zeilen ervan. Ze zijn bovendien sneller bereid om dingen in hun werk te veranderen als ze zelf hebben meegedacht over die veranderingen of deze zelf hebben voorgesteld. Een goede manier om de betrokkenheid van je medewerkers te stimuleren, is met hen in dialoog gaan. In een dialoog is niet steeds één iemand aan het woord, die informatie overbrengt of probeert de ander te overtuigen, of die alleen maar vragen stelt en daar antwoorden op krijgt. In een dialoog zoek je samen hoe je verder kunt komen en hoe je elkaar daarbij kunt voeden en aanvullen. In een echte dialoog geldt: 1 + 1 = 3; het is een win-winsituatie.

Een goede dialoog voeren

Mensen kunnen verschillende vormen van gesprekken met elkaar voeren. De dialoog is de vorm die er het meest op gericht is om samen te komen tot kennisvergroting. Kenmerken van een goede dialoog zijn:

› oordelen opschorten;
› onderzoeken en toetsen wat je hoort en waarneemt;
› de waarheid willen vinden;
› goed luisteren naar jezelf en anderen;
› vragen centraal stellen;
› gericht zijn op inzicht;
› de tijd nemen voor het proces.

Bron: Bohm (1995).

Speel vragen en problemen van medewerkers terug

Als medewerkers een vraag hebben of bij je komen met een probleem, kijk dan eens of je de bal kunt terugspelen. Laat ze zelf – bij voorkeur met elkaar – een antwoord of

een oplossing zoeken. Faciliteer dit door ze waar nodig tijd en ruimte te geven om te overleggen en elders hun licht op te steken, maar draag niet zelf de oplossing of het antwoord aan. Hiermee kom je tegemoet aan de psychologische basisbehoeften van ieder mens, groot of klein: de behoefte om competentie te ervaren ('ik kan het'), de behoefte aan autonomie ('ik kan het zelf') en de behoefte aan relatie ('ik hoor erbij'). Als deze drie basisbehoeften worden vervuld, gaan je medewerkers gemotiveerder aan de slag. Wordt niet aan deze drie basisbehoeften voldaan, dan zullen ze minder motivatie ervaren.

Zet feedback op de agenda

Deze aanbeveling mag je letterlijk opvatten: maak het geven van feedback een vast onderdeel van de dag en van het overleg binnen je organisatie. Feedback geven en krijgen is moeilijk, maar een cruciale voorwaarde om te leren, zowel voor individueel leren als voor organisatieleren. Feedback geeft zicht op wat je goed of fout doet en daarmee krijg je handvatten voor wat je kunt verbeteren (zie hoofdstuk 6, *Monitoren en evalueren: waar staan we?*). Het werken met maatjes, zoals in de methode 'Permanent leren als team' (Van Keulen & Del Barrio Saiz, 2010), werkt goed om feedback geven laagdrempelig te maken: de medewerker gaat eerst met haar maatje aan de slag, en niet meteen met het hele team. Feedback geven is het makkelijkst als je je aan een aantal regels houdt. Deze regels vind je op internet en in de literatuur over feedback geven. In het kort komen de regels voor goede feedback op het volgende neer. Beschrijf het concrete gedrag van de ander, en richt je daarbij op wat hij of zij doet en niet op hem of haar als persoon. Omschrijf welk gevoel dat gedrag bij jou oproept, wat daarvan het gevolg is en wat je graag anders zou willen (Visser, 2013).

Spreek allemaal dezelfde taal

Soms ben je als leidinggevende geneigd om te veel in managementjargon te praten, taal die gebruikelijk is onder managers en die je kunt spreken met een collega-leidinggevende of met je directeur. Door je medewerkers wordt managementtaal echter niet altijd even goed begrepen. 'Dezelfde taal spreken' is een cruciaal aspect van de open cultuur die bevorderlijk is voor een lerende organisatie. Als je dezelfde taal spreekt, voelen medewerkers zich eerder gehoord. Praten je medewerkers

Effectieve feedback

Effectieve feedback beantwoordt drie vragen:

› Waar ga ik naartoe? Wat is het doel dat ik moet bereiken? (*feed up*)
› Wat heb ik gedaan? En bereik ik daarmee mijn doel? (*feedback*)
› Wat is de volgende stap? Hoe kom ik nog dichter bij mijn doel? (*feed forward*)

Deze drie vragen kunnen elk op vier niveaus gesteld en beantwoord worden:

› *taakniveau*: Wat is de uitkomst van de taak of opdracht?
› *procesniveau*: Hoe verliep het proces?
› *zelfregulerend niveau*: Hoe heeft de persoon zichzelf aangestuurd toen hij of zij de taak of opdracht uitvoerde?
› *persoonlijk niveau*: Wat zegt de uitvoering over de persoon? Is hij of zij capabel? Slim? Handig?

Bron: Hattie & Timperley (2007).

feedback geven, maar dat hoeft niet en het gebeurt alleen als je dat van tevoren met elkaar afspreekt. Hoe vaker je dit oefent, hoe makkelijker nieuwe ideeën gaan stromen. We zijn gewend om onderbroken te worden als we praten en om steeds commentaar te krijgen op wat we zeggen. Hierdoor voelen mensen zich soms niet veilig genoeg om te zeggen wat ze eigenlijk vinden of denken.

Feedback door lootjes trekken

Als je feedback geven op de agenda zet en het tot vast onderdeel maakt van teambesprekingen, blijft het leven. Om het feedback geven ook een plek te geven in de dagelijkse gang van zaken, kun je een lootjessysteem instellen. Iedere medewerker trekt dan elke dag uit 'de hoge hoed' een collega aan wie ze die dag minimaal een top (compliment) en een tip (suggestie voor verbetering) geeft. Met dit lootjessysteem voorkom je dat steeds dezelfde duo's elkaar feedback geven.

bijvoorbeeld steeds over hun 'contact' met de kinderen en heb jij het consequent over 'interactie', omdat dit de officiële term is volgens de NCKO-Kwaliteitsmonitor? Kijk dan eens of je tot elkaar kunt komen, ofwel door dit te bespreken en uit te leggen waarom jij graag de term 'interactie' gebruikt, ofwel door zelf ook 'contact' te gaan zeggen.

Creëer een veilige omgeving om te leren

Mensen kunnen alleen leren als ze zich veilig genoeg voelen om fouten te maken en als ze voelen dat hun mening ertoe doet. Een goede manier om mensen dat gevoel te geven, is een oefening in hardop denken en luisteren. Deze oefening doe je in tweetallen. Ieder lid van het tweetal krijgt een afgesproken hoeveelheid tijd, bijvoorbeeld vijf minuten, om te vertellen wat haar bezighoudt en wat ze denkt. Degene die luistert, luistert actief en geeft non-verbale feedback (oogcontact, knikken), maar geeft geen commentaar, onderbreekt niet en stelt geen vragen. Degene die praat, krijgt zo de kans om haar gedachten te formuleren en te kijken waar deze heen gaan, zonder onderbroken te worden. Als de vijf minuten om zijn, kan de luisteraar

Inspiratie

Ook ouders hebben mentale modellen

Binnen de organisatie waar je werkt, gelden uitgangspunten en regels die mede bepalen hoe jij en je medewerkers de pedagogische kwaliteit op de groepen vormgeven. Maar ook ouders hebben dit soort mentale modellen: gedachten over hoe ze met hun kinderen willen omgaan. Wil je pedagogisch partnerschap echt vormgeven, dan moet je rekening houden met die mentale modellen van de ouders. Deze kunnen nogal verschillen van die van jezelf en van de organisatie, en vaak ook van elkaar: de ene ouder is de andere niet! Zo wilden de medewerkers van bso De Opvang in Vlaardingen in de vakantie graag met de kinderen naar het Spoorwegmuseum in Utrecht. Met de drukte in de trein zou het dan wel meevallen, dachten ze. Toch reageerden veel ouders ongerust op het voorstel. Met de kinderen overstappen op het Centraal Station in Rotterdam dat vonden ze helemaal geen goed idee. Ondanks de toezegging van voldoende begeleiding gingen de ouders niet akkoord en ging het uitje helaas niet door.

Meer lezen over verschillen tussen ouders

› *Pedagogisch kader kindercentra 0-4 jaar*: hoofdstuk 4 (Samenwerking met de ouders)
› *Pedagogisch kader kindercentra 4-13 jaar*: hoofdstuk 6 (Samenwerken met ouders)
› *Samen verschillend. Pedagogisch kader diversiteit in kindercentra 0-13 jaar*: hoofdstuk 2 (Gezinnen in soorten en maten)
› *Pedagogisch kader gastouderopvang*: hoofdstuk 9 (Samenwerken met ouders)

Goed voorbeeld doet goed volgen

Toen Lenneke twee jaar geleden kwam werken als locatiemanager bij kinderdagverblijf De Draaitol, was er nogal wat 'roddel en ruis'. Pedagogisch medewerkers roddelden over elkaar tijdens de pauzes, maar ook over ouders en leidinggevenden. Ze praatten wel over elkaar, maar niet met elkaar. Dat moest anders, vond Lenneke. Ze wilde een open aanspreekcultuur, waarin dingen direct en helder worden uitgesproken. Omdat ze aantrad in een onrustige tijd, was er geen ruimte voor een feedbacktraining. Lenneke begon toen gewoon zelf het goede voorbeeld te geven. Telkens als ze iets opmerkte wat haar niet beviel, sprak ze de medewerker direct aan volgens de regels van goede feedback. Ze benoemde wat ze waarnam, gaf in een ik-boodschap aan wat haar niet beviel en vertelde hoe ze het anders zou willen. Ze deed dit in concrete situaties: 'Klaartje, ik zie dat je Tristan al een halfuur in zijn wipstoeltje hebt zitten. Ik vind dat hij zo niet genoeg kans krijgt om te leren rollen. Zou je hem alsjeblieft op een speelkleed willen leggen?' Maar ze deed dit ook als ze vond dat de pedagogisch medewerkers elkaar moesten aanspreken: 'Jocelyn, je lijkt wat geïrriteerd doordat Marleen de kinderen van tafel laat

gaan zonder dat eerst de vloer geveegd is, klopt dat? Kun je Marleen uitleggen waarom je dat niet prettig vindt en hoe jij het graag zou willen aanpakken?' Bovendien vroeg ze de pedagogisch medewerkers om feedback op hoe zijzelf de dingen aanpakte: 'Ik stel voor dat we vanaf nu de twee peutergroepen tegelijk buiten laten spelen. Wat vinden jullie daarvan?' of: 'Hebben jullie ideeën over hoe we het werkoverleg anders zouden kunnen invullen?' Beetje bij beetje werd het gewoner om elkaar feedback te geven. Niet iedereen vond het makkelijk, maar een aantal pedagogisch medewerkers pakte het goed op en gaf het goede voorbeeld. Laatst kwam een van haar medewerkers bij Lenneke langs en zei: 'Vanmiddag sprak je me aan omdat je vond dat ik Klaas wat minder lang in de time-outhoek moest laten staan. Hoewel ik vond dat je gelijk had, vond ik het niet zo fijn dat je me dit vertelde waar ook ouders bij waren. Zou je dit soort dingen voortaan even apart met mij willen bespreken?' Lenneke grinnikte inwendig: missie geslaagd! Ze zei: 'Marloes, je hebt helemaal gelijk, dat was niet zo handig van me. Voortaan doen we dat anders, dankjewel voor je feedback.'

Samengevat

Leren in organisaties komt pas tot stand als medewerkers zich veilig genoeg voelen om dingen te proberen en zich uit te spreken, als de communicatie open en duidelijk is en als er een open aanspreekcultuur is, waarin mensen eraan gewend zijn om feedback te geven en te ontvangen. Daarnaast is het belangrijk dat de mensen in de organisatie van zichzelf en van elkaar weten wat hun mentale modellen zijn: wat bepaalt hoe we de dingen doen? Om deze ideale cultuur vorm te geven, stimuleer je bijvoorbeeld dialoog en discussie, speel je vragen van medewerkers naar hen terug, zet je feedback op de agenda, zorg je dat iedereen dezelfde taal spreekt en moedig je kritisch denken en meedenken aan.

HOOFDSTUK 11

Visie, missie en doelen: natuurlijk je richtsnoeren

Kindcentrum De Koppoter heeft een aantal jaren geleden een visie op papier gezet, maar eerlijk gezegd weet niemand meer hoe die luidt. Daar komt bij dat een groot deel van het team inmiddels is gewisseld. De nieuwe leidinggevende, Nurthen, wil dat de visie weer gaat leven. Er staat in dat De Koppoter kwalitatief hoogstaande kinderopvang wil bieden, waar kinderen met plezier naartoe gaan en waarover ouders tevreden zijn.

Nurthen belegt met haar team een studiemiddag waarin de visie centraal staat. Ze bespreken de volgende vragen: Past deze visie nog bij ons? Hoe kunnen we zichtbaar maken dat kinderen en ouders het naar hun zin hebben op De Koppoter? Het team wordt opgesplitst in vier subgroepen, die elk de visie 'verbeelden' met allerlei hulpmiddelen, gereedschappen en materialen. De uitkomsten zijn verrassend. Een subgroep heeft een mooie collage gemaakt van foto's en krantenknipsels waarin kwaliteit centraal staat, terwijl een andere subgroep een levendig kunstwerk heeft gemaakt van een vrolijk kind (als resultaat van goede kinderopvang). Er is gewerkt met klei, papier, verf en ijzerdraad. De subgroepen presenteren de beelden aan de rest van het team. Iedereen vindt het een geslaagde studiemiddag, en de medewerkers hebben nieuwe energie en inspiratie opgedaan om kwaliteit te leveren. De beelden krijgen een plek in de centrale hal.

Veel kinderopvangorganisaties werken vanuit een visie, missie en doelen. Wat wordt daaronder verstaan en hoe staan ze in verhouding tot elkaar? De visie staat voor het langetermijnperspectief van de organisatie. Het is 'de stip aan de horizon'. Een visie wil de medewerkers motiveren en inspireren om het goede te doen, en ze houvast geven om te focussen op de kern van het werk. Tegelijk is het een kader aan de hand waarvan de organisatie nieuwe activiteiten en innovaties kan toetsen.

De visie van een kinderopvangorganisatie valt uiteen in de missie en de doelen. In de missie geef je als organisatie aan wie je bent, wat je drijft en wat je doet. De doelen zijn de tastbare resultaten die je als kinderopvangorganisatie nastreeft. Zo vormen visie, missie en doelen één logisch, samenhangend geheel. Van hieruit wordt het pedagogisch beleid opgesteld. In dat pedagogisch beleid krijgen visie, missie en doelen een praktische vorm, en kun je ermee aan het werk.

Kinderopvangorganisaties hebben doorgaans dezelfde visie, missie en doelen opgesteld voor al hun voorzieningen. In de praktijk kunnen locaties voor dagopvang en buitenschoolse opvang eigen keuzes maken en eigen accenten leggen in hun pedagogisch beleid. Het is ook mogelijk dat locaties een eigen visie, missie en doelen formuleren, als die maar sterk geworteld zijn in de overkoepelende visie, missie en doelen voor de hele organisatie.

Samenhang met andere bouwstenen

Visie, missie en doelen vormen zowel het begin- als het eindpunt van het werken met kinderen binnen de kinderopvang. Veranderingen, verbeteringen en vernieuwingen (zie hoofdstuk 7, *Innoveren: vernieuwing is welkom*) kunnen zich hiernaar voegen. Als innovaties niet in de pas lopen met de visie van de organisatie, kun je ze beter niet doorvoeren. Aan de andere kant kan het werken aan innovaties je ook tot het inzicht brengen dat de visie van de organisatie achterhaald is. Als de pedagogische kwaliteit een belangrijke plek heeft in de visie van kinderopvangorganisaties, maken ze niet snel keuzen waarbij ze concessies moeten doen aan die kwaliteit. Het is een uitdaging om de visie, missie en doelen van je organisatie steeds concreet in je werk in te vullen. Je vindt daarvoor aanknopingspunten in hoofdstuk 9, dat gaat over de structuur van de lerende organisatie. Het is verstandig om die concretisering van de visie, missie en doelen zo veel mogelijk uit de pedagogisch medewerkers te laten komen (bottom-up), natuurlijk binnen de kaders van je organisatie. Een lerende organisatie die haar visie, missie en doelen serieus neemt, creëert een cultuur (zie hoofdstuk 10, *Cultuur opbouwen: open en veilig*) waarin deze voelbaar en meetbaar zijn.

Wat zijn de uitgangspunten?

Als het goed is, zijn visie, missie en doelen geen slapende teksten, maar een richtsnoer, inspiratiebron en toetsingskader voor het dagelijks handelen binnen de organisatie en op de groep. In een lerende organisatie komen visie, missie en doelen dan ook tot stand in interactie met het team. Als pedagogisch medewerkers bekend zijn met de visie, missie en doelen, en er vierkant achter staan, dan is dat een sterk bindmiddel om de pedagogische kwaliteit te behouden, te verhogen en uit te dragen. Als medewerkers samen zoeken naar de drijfveren van hun werk, ontstaat professionele bewustwording. En dat is iets waarnaar elke lerende organisatie streeft.

Waar sta je nu?

Waarschijnlijk wil je nu ook zo goed mogelijk bepalen hoe het ervoor staat met de visie, missie en doelen in jouw organisatie. Je kunt jezelf hiervoor de volgende vragen stellen. Hoe komen de visie, missie en doelen voor onze organisatie tot stand? Op afstand van de werkvloer, of juist in interactie met de pedagogisch medewerkers? Zijn onze visie, missie en doelen bekend onder het personeel? Worden ze organisatiebreed gedragen? Zijn ze concreet uitgewerkt in ons pedagogisch beleid? Houden we onze visie, missie en doelen up-to-date, of zijn ze misschien verouderd of achterhaald? Veranderen we er nooit iets aan of nemen we ze periodiek onder de loep en herzien we ze dan zo nodig?

REFLECTIE

Dragen de pedagogisch medewerkers de visie, missie en doelen?

Sta eens stil bij de volgende vraag: Wat antwoorden jouw pedagogisch medewerkers als je hun vraagt wat de visie, missie en doelen van jullie organisatie zijn? En strookt hun antwoord met datgene waarvoor de organisatie wil staan?

Wat kun je doen?

Formuleer samen een visie, missie en doelen

Wil je met het team tot een visie, missie en doelen (in deze volgorde) komen? Dan kun je verschillende wegen bewandelen. Je kunt bijvoorbeeld in een werksessie met je team een stappenplan doorlopen dat uitnodigt tot dialoog (zie hoofdstuk 4, *Het team*). Als leidinggevende treed je hierbij op als procesbegeleider en aanjager. Het stappenplan bestaat uit drie stappen:

› *stap* 1: ieder teamlid visualiseert voor zichzelf de gewenste situatie, in beeld of taal, aan de hand van vragen als:
  » Hoe wil je kinderen op 4-jarige leeftijd overdragen aan de basisschool?
  » Wat wil je kinderen meegeven naar het voortgezet onderwijs?
  » Wat moeten kinderen kennen en kunnen?
  » Hoe kijk je tegen de samenleving en haar toekomstige burgers aan, en welke rol speelt de kinderopvang daarbinnen?
  Stel veel vragen en voer een pedagogische dialoog over de grote, existentiële vragen van het werken in de kinderopvang;
› *stap* 2: de teamleden wisselen in tweetallen of grotere groepen hun individuele beelden uit en komen tot een gedeelde visie. Wat zijn de verschillen en de overeenkomsten? Probeer tot de kern te komen; welke sleutelwoorden verwijzen naar de kern van de gedeelde visie?
› *stap* 3: toets de gezamenlijke visie aan een extern beoordelingskader. Denk aan:
  » *taal*: is de visie begrijpelijk voor derden, kort en bondig?

» *ambitie*: is de visie ambitieus?
» *authenticiteit*: is de visie origineel en onderscheidend, of trapt ze alleen maar open deuren in?
» *haalbaarheid*: is de visie realistisch, praktisch haalbaar?
» *waarden*: voor welke waarden staat de visie?
» *inspiratie*: biedt de visie voldoende houvast en *inspiratie* voor het werken met kinderen?
» *duurzaamheid*: hoe lang gaat deze visie mee; is ze toekomstbestendig?

Deze toetsing kan ertoe leiden dat het team de aanvankelijke visie verder moet verfijnen.

KENNIS

Kwaliteit kinderopvang in internationaal perspectief

Ook internationaal wordt nagedacht over de kwaliteit van de kinderopvang. In het *CoRe Final Report* (CoRe staat voor: *Competence Requirements in Early Childhood Education and Care*) stellen Europese experts in de kinderopvang voor om kwaliteit als meerdimensionaal op te vatten, en daarbij onderscheid te maken tussen de volgende vijf dimensies:

› *ervaringen van en uitkomsten voor kinderen*, zoals welzijn, zelfredzaamheid, zelfvertrouwen;
› *ervaringen van ouders en verzorgers*, zoals toegankelijkheid, betekenisgeving en betrokkenheid (zie hoofdstuk 12, *Partnerschap met ouders*);
› *interacties*, bijvoorbeeld tussen de beroepskrachten en kinderen, maar ook tussen het kindcentrum en het beroepsonderwijs en de wetenschap (zie hoofdstuk 13, *Relatie met ketenpartners*);
› *structurele condities*, zoals de beroepskracht-kindratio en het speelgoed, maar ook de permanente professionele ontwikkeling van personeel (zie hoofdstuk 8, *Professionaliseren: planmatig en borgend*);
› *systemen van evaluatie, monitoring en kwaliteitsverbetering*, zoals interne en externe evaluaties, waaronder het peilen van de mening van partijen waarmee de kinderopvang te maken heeft (zie hoofdstuk 6, *Monitoren en evalueren: waar staan we?*).

Bron: Urban e.a. (2011)..

Een goede visie is in enkele pakkende zinnen op te schrijven. Nadat je als team overeenstemming hebt bereikt over de visie, kun je met z'n allen jullie missie schrijven. Daarin verwoord je wie je bent, wat je doet, wat je drijft en wat je wilt bereiken. Een missie gaat dus ook over normen, waarden en overtuigingen. Denk aan het bieden van kansen, aan professionaliteit en aan klantgerichtheid. Een goede missie past op één A4'tje!

Tot slot besteed je aandacht aan de onderliggende doelen. Wat probeer je uiteindelijk bij de kinderen en hun ouders te bereiken? Om je doelen te kunnen halen is het wijs om ze SMART-I te formuleren, dat wil zeggen: Specifiek, Meetbaar, Acceptabel, Realistisch, Tijdgebonden en Inspirerend.

Zorg dat visie, missie en doelen bekend zijn

Door met z'n allen jullie visie, missie en doelen te formuleren, maken de medewerkers ze zich eigen. Mogelijk kun je ze ook visualiseren – met stilstaand of bewegend beeldmateriaal of op schrift – en zichtbaar maken op de locaties. Of je verwerkt ze in een slagzin waarmee je je kinderopvang aanprijst.

Vergeet niet dat ook de ouders jullie visie, missie en doelen moeten kennen en gemakkelijk moeten kunnen

---

BORGING

De centrale boodschap uitdragen

Wat kun je doen om jullie visie, missie en doelen diep te verankeren in de organisatie? Dat is eigenlijk heel simpel: door ze voortdurend in herinnering te roepen, er veel over te praten en de centrale boodschap op diverse podia (teambijeenkomsten, informele contacten, communicatie met ouders) geregeld te herhalen. Ga daarnaast op zoek naar goede voorbeelden in de eigen praktijk waarin de visie, missie en doelen expliciet en overtuigend tot uitdrukking komen. Maak die voorbeelden in een *wall of fame* zichtbaar voor personeel, kinderen en ouders.

---

vinden en nalezen. Laat ze daarom herhaaldelijk terugkomen in de contacten en communicatie met de ouders. Dat geeft je organisatie karakter, een 'smoel'.

Sta periodiek stil bij visie, missie en doelen

Het is zinvol om als lerende organisatie periodiek stil te staan bij de visie, missie en doelen. Kunnen we ons er nog

in vinden? Hebben we hier nog steeds een goed gevoel bij? Waarschijnlijk hoeft het roer niet iedere vier jaar om, maar je zult merken dat je met het voortschrijden van de tijd anders aan gaat kijken tegen een aantal zaken uit de praktijk en de manier waarop je ze beschrijft. Dan is het de moeite waard om je visie, missie en doelen weer stevig te koppelen aan jullie opvattingen en gevoelens van dat moment.

Inspiratie

Train de trainer: werken met nieuwe media

Stichting Kinderopvang Grootstad wil kinderen laten opgroeien tot actieve, mondige en competente wereldburgers. Ze wil kinderen goed voorbereiden op school, maar ook op de kennisintensieve en digitale samenleving. Ervaringen met nieuwe media (zoals spelcomputer en tablets) op jonge leeftijd horen daarbij. Dat bleek onlangs bij de herziening van de visie, missie en doelen. Stichting Kinderopvang Grootstad wil hierin samenwerken met de ouders en de mediaopvoeding samen oppakken. Veel media zijn leuk, maar niet per se leerzaam. Het is goed om het hier eens over te hebben en doordachte keuzes te maken. Grootstad laat haar leidinggevenden een training volgen om op een andere manier over digitale media te leren nadenken. Leidinggevende Fatima van kinderdagverblijf De Kleine Prinses doet ook mee. Ze leert hoe ze met de juiste voorbereiding digitale media kan inzetten om kinderen te begeleiden in hun ontwikkeling. De digitale activiteiten kunnen aansluiten bij de activiteiten die al gedaan worden op de groep en worden daarmee een verrijking van een onderwerp of thema. Fatima geeft een workshop aan haar team, waarin ze doorgeeft wat ze heeft opgestoken. Voor ie-

dere locatie is een budget beschikbaar om nieuwe media aan te schaffen. Elke locatie mag zelf kiezen en zo worden er digitale prentenboeken, kinderfotocamera's en tablets aangeschaft. Vervolgens schrijft de projectgroep van elke locatie, onder leiding van de leidinggevenden, een invoeringsplan en wordt het gebruik van de nieuwe media ingevoerd.

Kinderparticipatie om pesten voor te zijn

Op bso De Zeven Zeeën wordt gepest. Een groepje van drie meisjes heeft stelselmatig een ander meisje gepest, zonder dat de pedagogisch medewerkers het gemerkt hebben. Nu wil het gepeste meisje niet meer naar de bso en haar ouders zijn furieus. Ze dreigen hun dochter van de bso te halen en het pesten te melden bij de GGD-inspectie.

Nu wil natuurlijk geen enkele bso dat er wordt gepest, maar De Zeven Zeeën zegt in zijn missie een 'oefenplaats voor democratisch burgerschap' te zijn en draagt dit ook voortdurend als visie uit. Daar hoort bij dat kinderen oog en oor hebben voor anderen, dat ze respectvol, zorgzaam en betrokken met elkaar omgaan. Pesten hoort hier dus niet bij. Hoogste tijd voor André, leidinggevende bij De Zeven Zeeën, om het voorkomen en bestrijden van pesten boven aan de agenda te plaatsen. Het eerste wat er wordt gedaan, is in een gesprek excuses aanbieden aan het gepeste meisje en haar ouders. Ook met de ouders van de pesters wordt gesproken, gevolgd door aparte gesprekken tussen de ouders van alle vier betrokken meisjes en gesprekken tussen de meisjes zelf, steeds in aanwezigheid van een van de pedagogisch medewerkers en onder begeleiding van André. Ook de school waarin de bso gevestigd is, wordt op de hoogte gesteld.

Omdat André aangesloten is bij een netwerk van leidinggevenden in de kinderopvang, werpt hij daar de vraag op wat anderen doen tegen pesten. Zo komt hij het succesvolle Finse KiVa-programma op het spoor. KiVa werkt aan positieve groepsvorming en bevat een preventieve en een curatieve component. Kinderen spelen hierin een actieve rol.

André besluit KiVa in te zetten en vraagt de school om mee te doen. Die zoekt ook een oplossing voor pesten en ziet het KiVa-project wel zitten. Er wordt een bureau ingehuurd om de medewerkers te trainen en het programma te implementeren. Zowel de pedagogisch medewerkers van De Zeven Zeeën als de leerkrachten

PEDAGOGISCH KADER

Meer lezen over de inzet van nieuwe media in de kinderopvang

› *Pedagogisch kader kindercentra 4-13 jaar*: hoofdstuk 15 (Spel- en activiteitenbegeleiding)
› *Samen verschillend. Pedagogisch kader diversiteit in kindercentra 0-13 jaar*: hoofdstuk 3 (Hoe kinderen omgaan met diversiteit)

Meer lezen over het voorkomen en tegengaan van pesten

›   *Pedagogisch kader kindercentra 0-4 jaar:* hoofdstuk 7 (Basiscommunicatie) en hoofdstuk 17 (Samen spelen en samenleven)

›   *Pedagogisch kader kindercentra 4-13 jaar:* hoofdstuk 5 (Relaties in de groep), hoofdstuk 12 (Organisatie van de groep) en hoofdstuk 14 (Kinderparticipatie)

›   *Pedagogisch kader gastouderopvang:* hoofdstuk 4 (Leren omgaan met de ander: sociale relaties)

van de school volgen de training. De leidinggevende van de bso, de onderbouwcoördinator en de intern begeleider van de basisschool doen ook mee. Zo ontstaan samenwerking en afstemming (een doorgaande lijn) tussen school en bso in het signaleren en oplossen van pesten.

Samengevat

De visie, missie en doelen zijn het richtsnoer, de inspiratiebron en het toetsingskader van een lerende kinderopvangorganisatie. Het is heel belangrijk dat de pedagogisch medewerkers bij het vormgeven hiervan actief worden betrokken. Als de visie, missie en doelen doorvoeld en doorleefd worden, dan is de kans groter dat de organisatie en het team zich er ook naar gaan gedragen. Ook de ouders informeer je over de visie, missie en doelen van je kinderopvangorganisatie. Het is om meerdere redenen belangrijk om deze periodiek onder de loep te nemen en zo nodig te herzien. Een daarvan is dat een gezamenlijke oriëntatie op de kern van het werk de verschillende onderdelen van de organisatie bij elkaar houdt. Een tweede reden ligt in de verhouding tussen de kinderopvang en de dynamische omgeving waarbinnen deze opereert. Die vergt van de kinderopvangorganisatie een open en flexibele opstelling, en ook geregeld aanpassingen die verwerkt moeten worden in de visie, missie en doelen.

Deel III

Open naar buiten

Dit derde en laatste deel gaat over de open en ontvankelijke houding die in een lerende organisatie nodig is om te kunnen leren. Deze is intern van cruciaal belang, maar ook naar buiten toe. In een open verhouding met alle samenwerkingspartijen – van ouders tot basisschool, en van gemeente tot zorginstelling – kan de kinderopvang zichzelf en zijn kracht het beste over het voetlicht brengen en vruchtbare partnerschappen smeden. Die staan in het licht van het uiteindelijke doel om de pedagogische kwaliteit verder te ontwikkelen.

De ouders, als klanten en medeopvoeders, staan centraal in hoofdstuk 12. Daarna komen in hoofdstuk 13 de relaties tussen de kinderopvang en het basisonderwijs, zorginstellingen, het beroepsonderwijs en de wetenschap aan bod. Dat de wetenschap ook heel praktisch toepasbaar is op de groep, blijkt uit de paragraaf over actieonderzoek, dat een heel goede manier is voor een team om zich professioneel te ontwikkelen.

HOOFDSTUK 12

Partnerschap met ouders

Seyonara, leidinggevende van kindcentrum De Wielewaal, wil serieus werk maken van partnerschap met ouders, zodat de pedagogisch medewerkers en de ouders meer samen gaan praten over opvoeding en ontwikkeling. De contacten zijn nu vaak oppervlakkig en vluchtig. Voor een deel komt dat doordat de pedagogisch medewerkers dit een moeilijk onderdeel van hun werk vinden. Wat vertel je wel en wat niet? Maar ook ontbreekt het ze vaak aan tijd en ruimte om informatie over het kind te delen. Ouders zijn vaak gehaast tijdens het halen en brengen, want ze willen op tijd naar hun werk of naar huis. Maar die haal- en brengmomenten zijn nu juist zo belangrijk voor de uitwisseling van informatie over het kind.

Seyonara maakt een lijstje met do's voor pedagogisch medewerkers én voor ouders. Een van de do's voor pedagogisch medewerkers is dat ze tijdens het haalmoment minimaal één positieve observatie melden over het kind. Bijvoorbeeld: 'Ik zag vandaag Justin heel lief lachen naar Karijn. Ze kunnen het goed met elkaar vinden.' Een van de do's voor ouders is dat ze op tijd komen en ook de tijd nemen om hun kind rustig te brengen. Bij voorkeur doet de ouder met het kind een activiteit voordat hij of zij afscheid neemt. Dit vereist dat de ruimte hiertoe uitnodigt, dus dat ontwikkelingsmateriaal overzichtelijk uitgestald ligt op verschillende plekken in de ruimte. Twee keer per week is er koffie en thee voor de ouders.

De pedagogisch medewerkers krijgen ook een spoedcursus communicatie met ouders. Het valt de ouders al snel op dat de pedagogisch medewerkers meer te vertellen hebben over de dag en de belevenissen van hun kind. Daardoor gaan de ouders ook meer over het kind in de thuissituatie vertellen. Zo worden de gesprekken langzaam maar zeker onderhoudender en voelen pedagogisch medewerkers en ouders zich meer samen verantwoordelijk voor de opvoeding en ontwikkeling van de kinderen.

PEDAGOGISCH KADER

Meer lezen over samenwerking met ouders

› *Pedagogisch kader kindercentra 0-4 jaar*: hoofdstuk 4 (Samenwerking met de ouders) en heel deel 2 (De praktijk)
› *Pedagogisch kader kindercentra 4-13 jaar*: hoofdstuk 6 (Samenwerken met ouders)
› *Samen verschillend. Pedagogisch kader diversiteit in kindercentra 0-13 jaar*: hoofdstuk 4 (Ouders ondersteunen bij het in balans blijven)
› *Pedagogisch kader gastouderopvang*: hoofdstuk 9 (Samenwerken met ouders)

Dit hoofdstuk gaat over partnerschap tussen kinderopvang (dagopvang, buitenschoolse opvang en gastouderopvang) en ouders. Dit houdt in: de overeenstemming die pedagogisch medewerkers en ouders hebben bij het opvoeden en stimuleren van de ontwikkeling van het kind. Als ouders aan het werk zijn, vertrouwen ze hun kind toe aan de zorg van de pedagogisch medewerkers of gastouder en besteden daarmee een deel van de

REFLECTIE

Aansluiting tussen kindcentrum en ouders

Ouders hebben vaak heel verschillende achtergronden, in cultureel en sociaaleconomisch opzicht, in opleidingsniveau en in taalachtergrond. Elke groep ouders vraagt om een eigen benadering. Door je ouderactiviteiten af te stemmen op de samenstelling van de groep ouders, krijg je meer betrokken ouders. Stel jezelf geregeld de vraag: 'Past onze aanpak bij onze specifieke groep ouders?'

opvoeding uit. Het is daarom wenselijk dat de pedagogische benadering op een kindcentrum of bij een gastouder zo veel mogelijk overeenstemt met die van thuis, zoals ook het *Pedagogische kader* uitdraagt. Daarnaast wil je dat ouders invloed en inspraak hebben in de manier waarop hun kind professioneel wordt opgevangen en wordt gestimuleerd in zijn of haar ontwikkeling.

REFLECTIE

Je oogst wat je zaait

Ouders richten zich meestal naar wat een team laat zien en voorleeft. Hoe opener en geïnteresseerder een team zich opstelt, hoe opener de relatie met ouders zal zijn. Hoe open is jouw team?

Bron: Devos (2006).

Samenhang met andere bouwstenen

Ouders zijn je klanten, want ze betalen voor jullie dienstverlening. Maar daarnaast zijn ze ook een netwerkpartner uit de omgeving van het kindcentrum, net als het basisonderwijs, de zorginstellingen, het beroepsonderwijs en de wetenschap. In dit hoofdstuk gaat het alleen over de ouders als partners. In het volgende hoofdstuk lees je meer over de relatie van de kinderopvang met de overige ketenpartners (zie hoofdstuk 13, *Relatie met ketenpartners*). Ouders actief mee laten doen, denken en beslissen: dat gaat beter naarmate de structuur (zie hoofdstuk 9, *Structureren, flexibel en organisch*) en de cultuur (zie hoofdstuk 10, *Cultuur opbouwen: open en veilig*) van je organisatie daar beter bij passen. In een lerende organisatie hebben ouders altijd een belangrijke rol.

Wat zijn de uitgangspunten?

Ouders en kindcentrum zijn samen verantwoordelijk voor de opvoeding en ontwikkelingsstimulering van kinderen, waarbij de primaire verantwoordelijkheid bij de ouders ligt. Een kindcentrum kan alleen goed functioneren als pedagogisch medewerkers of gastouders actief de samenwerking zoeken met de ouders en als er afstemming is tussen de gezinsopvoeding en de opvoeding in de groepen van het kindcentrum of bij de gastouder. Om met ouders overeenstemming te bereiken over de opvoeding en ontwikkelingsstimulering van hun kind is er vanuit het kindcentrum krachtig ouderbeleid nodig. Daarin speelt de leidinggevende een belangrijke rol. Op uitvoeringsniveau zijn de pedagogisch medewerkers heel belangrijk, want zij hebben het meeste contact met de ouders. Zij moeten weten welke visie, missie en doelen ze vanuit de organisatie uitdragen en wat de medewerkers en de ouders over en weer van elkaar verwachten. Alleen dan kunnen ze een duidelijke positie innemen in hun contact met de ouders.

KENNIS

Taalrijk aanbod in de thuissituatie

Het is heel belangrijk dat ouders thuis op een rijke manier met hun jonge kinderen praten. Dit betekent bijvoorbeeld dat ze veel vertellen en voorlezen, veel verschillende woorden gebruiken, moeilijke woorden uitleggen, synoniemen gebruiken en zo veel mogelijk variëren in zinsbouw. Op deze manier zorgen ouders dat hun kinderen taalkundig goed worden voorbereid voor school.

Bron: Henrichs (2010).

Waar sta je nu?

Een goede relatie met de ouders opbouwen en onderhouden gaat niet vanzelf. Om het team hierin te helpen groeien, kun je als leidinggevende een aantal zaken nagaan bij zowel de pedagogisch medewerkers als de ouders, want zij kunnen een verschillende kijk hebben op het partnerschap. Je kunt je hierbij bijvoorbeeld afvragen:

Is ons pedagogisch beleid bekend bij de ouders? Is er draagvlak onder de ouders voor de pedagogische principes die wij voorstaan? Zijn de ouders tevreden over het contact met de pedagogisch medewerkers? Zijn er weleens conflicten? Kunnen we die voorkomen met actief ouderbeleid? Ondersteunt het kindcentrum ouders als een kind een extra ondersteuningsbehoefte heeft?

KENNIS

Doelen van partnerschap tussen ouders en kindcentrum

Partnerschap tussen ouders en kindcentrum heeft verschillende doelen:
› *pedagogisch doel*: de benadering van de kinderen in de thuissituatie en de benadering op het kindcentrum zijn op elkaar afgestemd;
› *toerustingsdoel*: de pedagogisch medewerkers en de ouders worden zo nodig toegerust voor het partnerschap;
› *organisatorisch doel*: ouders leveren een bijdrage aan het reilen en zeilen van het kindcentrum. Ze voeren activiteiten mee uit en denken daar ook over mee;
› *democratisch doel*: ouders denken mee en beslissen informeel en formeel mee over wat er op het kindcentrum gebeurt. Het kindcentrum legt ook verantwoording af aan de ouders.

Bron: Smit e.a. (2007).

REFLECTIE

Hoe toegankelijk ben jij voor de ouders?

Ga eens bij jezelf na hoe toegankelijk jij als leidinggevende eigenlijk voor de ouders bent:
› Hoe vaak zien de ouders je?
› Weten de ouders wie jij bent?
› Hoe vaak maak jij op de groepen een praatje met de ouders?
› Met hoeveel ouders heb jij wekelijks contact?
› Sta je wel eens bij de deur om ouders en kinderen te begroeten?
› Weet jij wat er onder ouders leeft?

KENNIS

Gradaties van ouderparticipatie

	Betrokkenheid bij kind	Betrokkenheid bij opvang	Betrokkenheid bij beleid
Meeleven	Ouders begrijpen Ouders respecteren	Informatie-uitwisseling Afspraken	Informatie over beleidsmatige aspecten
Meedoen	Ouders kunnen aanwezig zijn	Ouders kunnen meedoen met activiteiten	Ouders kunnen meedenken over beleidzaken
Meedenken	Ouders formuleren wensen i.v.m. hun kind	Ouders formuleren wensen t.a.v. opvang	Ouders formuleren wensen t.a.v. beleid
Meebeslissen	Ouders kunnen meebeslissen over zaken die hun kind aangaan	Ouders kunnen meebeslissen over pedagogische, organisatorische en praktische zaken	Ouders kunnen meebeslissen over beleidsmatige aspecten

Bron: Singer & Kleerekoper (2009).

Wat kun je doen?

In deze paragraaf lees je hoe je in een projectgroep stap voor stap vorm kunt geven aan een krachtiger ouderbeleid in jouw organisatie.

Stel een projectgroep samen (stap 1)

Om krachtig ouderbeleid te maken, kun je een projectgroep samenstellen met teamleden die graag vorm geven aan het partnerschap met ouders. Idealiter vormen deze teamleden een afspiegeling van het team en hebben ze gezag binnen de organisatie. Als leidinggevende neem je de voorzitterrol van deze projectgroep op je. Vraag ook een van de ouders uit de oudercommissie om mee te doen in deze groep.

Bereid het onderwerp voor (stap 2)

Als voorbereiding kan de projectgroep:
› publicaties verzamelen en lezen over partnerschap tussen kinderopvang en ouders;
› de verscheidenheid in culturele achtergronden, geloofsovertuigingen, levensbeschouwingen en levensstijlen van de ouders in kaart brengen (raadpleeg hier-

bij *Samen verschillend. Pedagogisch kader diversiteit in kindercentra 0-13 jaar)*;
› in gesprekken met ouders nagaan wat hun opvattingen zijn over de opvoeding;
› (eventueel) een kinderopvangorganisatie bezoeken die bekendstaat als 'oudervriendelijk' en daar praten met de betrokken medewerkers en enkele actieve ouders.

Stel een projectplan op (stap 3)

De projectgroep stelt een voorlopig projectplan op. Daarin staan:
› *aanleiding*: waarom streven we partnerschap met de ouders na?
› *probleemstelling*: wat gaat op dit moment niet goed?
› *doelstelling*: wat is de gewenste situatie?
› *resultaat*: wat gaan we concreet opleveren?
› *tijdpad*: wanneer is het resultaat gerealiseerd?

Leg het projectplan voor aan het team en aan de oudercommissie en vraag om een reactie. Stel op basis daarvan het voorlopige werkplan bij tot een definitief projectplan. Zorg dat het plan wordt gedragen door alle partijen.

Formuleer een visie en missie (stap 4)

Het is verstandig binnen de projectgroep een voorlopige visie en missie te formuleren over het partnerschap met de ouders in opvoeding en ontwikkelingsstimulering. Leg ook deze visie en missie voor aan het team en de oudercommissie. Stel op basis van de reacties een definitieve visie en missie op.

KENNIS

Vormen van ouderbetrokkenheid

Ouderbetrokkenheid is een breed begrip, waaronder veel soorten activiteiten vallen. In de internationale literatuur worden de volgende vormen van ouderbetrokkenheid onderscheiden:

› *parenting*: de voorwaardenscheppende rol van ouders;
› *communicating*: de communicatie tussen kindcentrum en ouders;
› *volunteering*: vrijwilligerswerk in en om het kindcentrum;
› *learning at home*: de kinderen ondersteunen bij de ontwikkeling in de thuissituatie;
› *decision making and advocacy*: formele ouderparticipatie (medezeggenschap, ouder-commissie);
› *collaborating with the community*: samen-werking met de gemeenschap.

Bron: Epstein (2001).

Vertaal visie en missie in ouderbeleid (stap 5)

De werkgroep vertaalt de definitieve missie en visie in concreet ouderbeleid. In dit beleid worden doelen gesteld op het gebied van:

› informatie bieden aan ouders over het pedagogisch beleid;
› contacten onderhouden met ouders;
› participatie en betrokkenheid van ouders bevorderen;
› ouders betrekken in beslissingen over de opvoeding;
› ouders werven om een bijdrage te leveren aan de kwaliteit van de kinderopvangorganisatie;
› ouders zo nodig helpen om thuis de ontwikkeling van hun kind te ondersteunen;
› scholing bieden voor ouders.

KENNIS

Benadruk de overeenkomsten

Problemen ontstaan niet zozeer door verschillen in culturele of religieuze gewoonten, maar door een negatieve grondhouding van het kindcentrum tegenover het gezin, en andersom. Als de verschillen tussen kindcentrum en gezin worden benadrukt, is dat een voedingsbodem voor onenigheid. Daarom is het verstandiger om te zoeken naar overeenkomsten in opvoedingsstijlen, en daar het accent op te leggen.

Bron: Van Keulen & Singer (2012).

Borg het partnerschap in de praktijk (stap 6)

De werkgroep is klaar en heeft ouderbeleid geformuleerd. Nu is het zaak dit beleid ook stevig te verankeren binnen het kindcentrum. Hiertoe kun je verschillende maatregelen treffen. Je kunt je pedagogisch medewerkers scholingsmogelijkheden bieden om een partnerschap met de ouders aan te gaan, bijvoorbeeld 'Interculturele communicatievaardigheden' of 'Actief luisteren'. Je kunt ook een pedagogisch medewerker met 'bindend vermogen' aanstellen als oudercoördinator.

Manieren om ouderbeleid te borgen

Ouderbeleid kun je borgen op verschillende manieren:

› *budget*: reserveer een budget om te werken aan partnerschap met de ouders;
› *taakuren*: geef pedagogisch medewerkers (niet-groepsgebonden) taakuren om contacten te onderhouden met de ouders (bijvoorbeeld voor huisbezoek);
› *rondetafelgesprek*: organiseer jaarlijks een rondetafelgesprek met ouders over onderwerpen die met de kinderopvang te maken hebben;
› *ouderpanel*: schakel op gezette tijden een representatief ouderpanel in om een mening te geven over maatschappelijke ontwikkelingen en/of ontwikkelingen die de kinderopvang raken;
› *opvoedingscontract*: stel jaarlijks een (symbolische) samenwerkingsovereenkomst op tussen het kinderdagverblijf en de ouders, waarin het partnerschap in opvoeding wordt bezegeld;
› *opvoedingsplan*: stel in een werkgroep van teamleden en ouders en onder regie van een praktiserend pedagoog een 'opvoedingsplan' voor het kindcentrum op;
› *oudercontactfunctionaris*: stel een ouder aan als ambassadeur voor de kinderopvangorganisatie.

Evalueer het ouderbeleid (stap 7)

Als je veel energie hebt gestoken in je ouderbeleid, wil je ook weten of het werkt. Evalueer zowel met het team als met de ouders de voortgang. Vier de successen en breng ze naar buiten. Handhaaf de succesvolle activiteiten en breid ze uit. Zorg dat er jaarlijks één nieuwe activiteit wordt georganiseerd. Op die manier blijft het voor de ouders interessant om actief en betrokken te zijn bij de kinderopvangorganisatie.

Inspiratie

Engels spreken in het kinderdagverblijf

Op kinderdagverblijf De Witte Olifant komen steeds meer ouders uit het buitenland die voor hun werk tijdelijk in Nederland zijn. Zij willen graag in het Engels aangesproken worden. Paulien, de locatiemanager, houdt hier rekening mee bij de samenstelling van het personeelsbestand: ze wil graag pedagogisch medewerkers die zich in het Engels verstaanbaar kunnen maken. Ook faciliteert ze een training Engels voor de pedagogisch medewerkers. Sommige teamleden voelen zich ongemakkelijk bij deze voor hen vreemde taal. Paulien wil dat minimaal één pedagogisch medewerker op de groep goed Engels verstaat, spreekt en schrijft. Omdat de locatiemanager vermoedt dat er ook Nederlandstalige ouders zijn die het leuk zouden vinden als er aandacht wordt geschonken aan het Engels op de groep, laat ze dit onderzoeken via een korte enquête. En jawel: 80 procent van de ouders die reageren, staat positief tegenover het idee. Na de nodige voorbereiding worden drie maanden later elke dag enkele activiteiten in het Engels gegeven. De kinderen leren tijdens de eetpauze dat een appel *apple* is en druiven *grapes*. Ze vinden het leuk om in het Engels te tellen en sommigen kunnen al in het Engels zeggen dat ze naar de wc moeten. Aan de Engelstalige kinderen worden Engelstalige prentenboeken voorgelezen. In de nieuwsbrief aan de ouders staat het belangrijkste nieuws beknopt in het Engels. Het kinderdagverblijf wil de komende tijd de tweetaligheid verder bevorderen. Intussen melden steeds meer Engelstalige ouders hun kinderen aan bij *The White Elephant*. Dat het kindercentrum vriendelijk is voor Engelstalige gezinnen, gaat namelijk als een lopend vuurtje door de stad.

Meer lezen over verschillen tussen ouders en kinderen

› *Pedagogisch kader kindercentra 0-4 jaar*: hoofdstuk 4 (Samenwerking met de ouders) en heel deel 2 (De praktijk)
› *Pedagogisch kader kindercentra 4-13 jaar*: hoofdstuk 6 (Samenwerken met ouders)
› *Samen verschillend. Pedagogisch kader diversiteit in kindercentra 0-13 jaar*: hoofdstuk 2 (Gezinnen in soorten en maten)
› *Pedagogisch kader gastouderopvang*: hoofdstuk 4 (Leren omgaan met anderen: sociale relaties)

Kwaliteiten en talenten van ouders benutten

Iedere ouder heeft talenten. Evert-Jan, gastouder van vijf kinderen in de leeftijd van 3 tot 8 jaar, wil die talenten graag benutten en vraagt de ouders wie er eens een activiteit wil doen in de groep. Vader Erwin is in het dagelijks leven kok en biedt aan te komen helpen bij het maken van een groentesoep. Zo gezegd, zo gedaan. Alle kinderen krijgen een rol en beleven veel plezier aan het koken. Steven, het zoontje van Erwin, is erg trots dat zijn vader er is. Vooral van het draaien van de soepballetjes maken ze een feest. De soep wordt erg lekker en ze eten er gezellig van aan de grote tafel. Aan het eind van de dag krijgen alle kinderen ook nog een bakje soep mee naar huis.

Samengevat

Lerende kinderopvangorganisaties gaan een pedagogisch partnerschap aan met de ouders, de belangrijkste ketenpartners uit hun omgeving. Het is belangrijk dat kindcentrum en ouders samen streven naar wederzijds begrip, respect, vertrouwen en waardering. Pedagogisch medewerkers en ouders proberen samen op te trekken in de opvoeding van kinderen en gezamenlijk hun ontwikkeling te stimuleren. Dit pedagogisch partnerschap vraagt inspanning vanuit de kinderopvangorganisatie. Krachtig ouderbeleid helpt hierbij. Effectief ouderbeleid bevordert dat ouders informatie krijgen over het pedagogisch beleid en dat contacten met de ouders onderhouden worden. Ook stimuleert een dergelijk beleid de participatie en betrokkenheid van ouders, betrekt het ouders in beslissingen over de opvoeding, werft het ouders om een bijdrage te leveren aan de kwaliteit van de organisatie en biedt het ouders zo nodig hulp en scholing bij het ondersteunen van de ontwikkeling van hun kind.

Het partnerschap met ouders kan op allerlei manieren worden geborgd, bijvoorbeeld door budget te reserveren, taakuren beschikbaar te stellen, een rondetafelgesprek te organiseren, een ouderpanel in te stellen, een opvoedingscontract te sluiten, een opvoedingsplan te formuleren of een oudercontactfunctionaris aan te stellen. Neem het ouderbeleid geregeld onder de loep, om te evalueren of het werkt en om de opbrengsten waar nodig te kunnen verbeteren.

HOOFDSTUK 13

Relatie met ketenpartners

John, leidinggevende van kinderdagverblijf d'Ondersteen, is graag op de hoogte van de laatste stand van zaken in de wetenschappelijke kennis over het jonge kind. Hij wil nieuwe inzichten delen met zijn pedagogisch medewerkers en ook met de ouders.

Voor de volgende informatieavond heeft John, in overleg met de oudercommissie, een wetenschapper uitgenodigd die komt vertellen over recent onderzoek naar de werking van het kinderbrein. Afgesproken is dat de wetenschapper een toegankelijk verhaal houdt, geschikt voor een gevarieerd publiek, met veel beeldmateriaal en leuke praktijkvoorbeelden. Er moet ook ruimte zijn voor vragen. John twittert hierover om zo veel mogelijk ouders te enthousiasmeren. Om de informatieavond extra aantrekkelijk te maken, regelt hij een hapje en een drankje. Als de ouders nu niet massaal komen, weet hij het ook niet meer. Maar gelukkig stromen de ouders toe.

Zo zie je maar dat wetenschap en kinderopvang prima bij elkaar passen, denkt John tevreden.

De wetenschap is een van de ketenpartners uit de dynamische omgeving waarin de kinderopvang opereert. Andere ketenpartners zijn het basisonderwijs, de zorginstellingen en het beroepsonderwijs. Met elke ketenpartner staat de kinderopvangorganisatie in een bepaalde verhouding. Het basisonderwijs borduurt voort op de ontwikkellijn die door de dagopvang is ingezet, als kinderopvang en basisschool hierover tenminste samenwerking en afstemming zoeken. Ook tussen de buitenschoolse opvang en het basisonderwijs is afstemming geboden, zowel over inhoudelijke aspecten als over praktische aangelegenheden. Zorginstellingen komen in beeld als de kinderopvang gevraagd wordt om extra ondersteuning van kinderen en gezinnen. Vaak kan de kinderopvang zelf basiszorg bieden, maar als de ondersteuningsvragen specifieker zijn, heeft de kinderopvang niet de capaciteit, expertise en middelen in huis om deze te beantwoorden. Veel kinderopvangorganisaties participeren in lokale zorgnetwerken, bijvoorbeeld in voorschoolse zorg- en adviesteams. Die kunnen informatie en advies geven en helpen bij de doorverwijzing naar gespecialiseerde hulpverlening. Het beroepsonderwijs komt bij de kinderopvang binnen via de regionale opleidingscentra (roc's) die pedagogisch medewerkers opleiden. Daarbij hebben ze de hulp nodig van kinderopvangorganisaties, bijvoorbeeld voor stagebegeleiding en om op de hoogte te blijven van de inhoud van het curriculum.

PEDAGOGISCH KADER

Meer lezen over relaties tussen de kinderopvang en zijn omgeving

> *Pedagogisch kader kindercentra 4-13 jaar*: hoofdstuk 18 (Samenwerken met de omgeving). In dit hoofdstuk komt de samenwerking met ouders, basisonderwijs en vrijetijdsorganisaties aan de orde.
> *Samen verschillend. Pedagogisch kader diversiteit in kindercentra 0-13 jaar*: hoofdstuk 7 (Kinderopvang als actieve speler in de wereld). In dit hoofdstuk gaat het over de positie van de kinderopvang in de jeugdketen, en daarbinnen de samenwerking met onderwijs, jeugdzorg en opvoedingsondersteuning.

Als leidinggevende in een lerende organisatie wil je op de hoogte zijn van wat de wetenschap te bieden heeft, en wil je daar zo mogelijk iets van leren voor je werk. Vaak is de klacht dat de resultaten van wetenschappelijk onderzoek de praktijk niet bereiken, omdat in veel onderzoek weinig oog is voor de toepassingsmogelijkheden. Daar komt bij dat wat in de ene situatie werkt, in de andere situatie niet hoeft te werken. Ook hoor je wel dat onderzoeksresultaten in onbegrijpelijke taal zijn opgeschreven. Deze kritiek is ten dele terecht. Toch kan de praktijk op veel manieren gebruikmaken van de bevindingen uit onderzoek, en het is ook gewoon zonde om de kennis uit serieus onderzoek te negeren. Hoe blijf je op de hoogte van de beschikbare wetenschappelijke kennis en hoe maak je er handig gebruik van, en hoe kun je zelf praktijkrelevant onderzoek doen?

Samenhang met andere bouwstenen

De kinderopvang opereert niet in een vacuüm. Het is belangrijk dat kinderopvangorganisaties die lerend willen zijn, aansluiting vinden bij hun ketenpartners. Ze moeten adequaat kunnen inspelen op de eisen, wensen en veranderingen uit hun omgeving. Naast de ouders (zie hoofdstuk 12, *Partnerschap met ouders*) zijn het basisonderwijs, de zorginstellingen, het beroepsonderwijs en de wetenschap cruciale ketenpartners.

REFLECTIE

Hoe omgevingssensitief is jouw organisatie?

Sensitieve responsiviteit van pedagogisch medewerkers tegenover kinderen is een kernwaarde in de pedagogische kwaliteit. Trek deze gedachte eens door naar de omgeving: in hoeverre zijn jullie als organisatie gevoelig voor ontwikkelingen in de omgeving? Anders gezegd: hoe hoog is jullie omgevingssensitiviteit?

De relatie met ketenpartners raakt vaak het gebied van professionalisering. Veranderende eisen vanuit het beroepsonderwijs, zoals de toenemende aandacht voor taal- en interactievaardigheden in het curriculum van de beroepsopleiding, vinden hun weerslag in kinderopvangorganisaties. Nieuwe inzichten in de wetenschap kunnen worden vertaald naar concrete scholing en training voor pedagogisch medewerkers en leidinggevenden. Samen met het doen van praktijkgericht actieonderzoek is dit een goed uitgangspunt voor professionalisering (zie hoofdstuk 8, *Professionaliseren: planmatig en borgend*). Relaties aangaan en onderhouden met de omgeving is een taak van de leidinggevende en behoort tot haar pedagogisch leiderschap (zie hoofdstuk 5, *Pedagogisch leiderschap*).

Wat zijn de uitgangspunten?

Het is belangrijk dat je als leidinggevende overtuigd bent van de meerwaarde van contacten met de wereld buiten je kinderopvangorganisatie. Je ziet het als jouw taak om verbindingen te leggen met de basisscholen uit de buurt (om kinderen de volgende stap in hun ontwikkeling te kunnen laten maken), de zorginstellingen (om de zorg voor het jonge kind te verbreden en versterken, zowel binnen als buiten het kindcentrum), het beroepsonderwijs (om een bijdrage te leveren aan de professionele opleiding van een nieuwe generatie pedagogisch medewerkers) en de wetenschap (voor nieuwe impulsen om de pedagogische kwaliteit te verbeteren). Wederkerigheid is in dit verband een belangrijke term: beide partijen moeten zich vanuit hun eigen positie verplicht voelen om een actieve relatie met elkaar te onderhouden. Dat is in het belang van de ontwikkeling van het kind.

Waar sta je nu?

Het is belangrijk om na te gaan in hoeverre je contacten onderhoudt met je omgeving, en wat de kwaliteit en de kwantiteit daarvan zijn. Sta daarom eens stil bij de volgende vragen. Hoe is de relatie met je belangrijkste ketenpartners? Is het basisonderwijs tevreden over hoe kinderen vanuit de kinderopvang binnenkomen? Zijn ze 'schoolrijp'? Weet je bij welke zorginstelling je moet zijn als je een niet-pluisgevoel hebt bij een kind of bij een gezin? Hoe is de verstandhouding met het beroepsonderwijs? Zijn jullie een goede leerschool voor aankomende pedagogisch medewerkers? In hoeverre maken jullie in het dagelijks werk gebruik van recente wetenschappelijke inzichten? Zijn jullie in staat om zelf praktijkgericht onderzoek uit te voeren? De antwoorden op dit soort vragen leren je veel over hoe goed jouw organisatie is

afgestemd op haar omgeving, en op welke terreinen je die afstemming nog kunt verbeteren.

Wat kun je doen?

Om een lerende organisatie te worden, is het belangrijk om goede contacten te onderhouden met alle ketenpartners. Er zijn veel manieren om je organisatie hechter te verbinden met de buitenwereld. In deze paragraaf lees je daar meer over.

Leg verbindingen met het basisonderwijs

Als de kinderopvang en het basisonderwijs samen in een brede school of integraal kindcentrum zitten, zijn samenwerking en afstemming gemakkelijker dan wanneer ze afzonderlijk opereren. Ook dan is het echter belangrijk om formeel overleg te organiseren, zowel op het niveau van de leidinggevende als op uitvoerend niveau tussen pedagogisch medewerkers en groepsleerkrachten. Daarbij geldt dat incidenteel overleg goed is, maar structureel overleg nog veel beter. Structureel overleg is regelmatig overleg, volgens een agenda en met een voorzitter, bijvoorbeeld op toerbeurt vanuit de kinderopvang en vanuit het basisonderwijs.
In de relatie tussen de kinderopvang en het basisonderwijs gaat het er in de kern om relevante kindinformatie over te dragen en de doorgaande lijn te volgen in de ontwikkeling van kinderen.
Met 'de doorgaande lijn' wordt bedoeld dat kinderen zonder al te veel overgangsproblemen kunnen deelnemen aan het basisonderwijs, omdat daar wordt voortgeborduurd op de basis die de kinderopvang heeft gelegd. Enerzijds moet de kinderopvang dus weten wat basisscholen verwachten van de instromende kinderen. Anderzijds moeten de basisscholen weten aan welke doelen de kinderopvang werkt met betrekking tot:
› taalontwikkeling en ontluikende geletterdheid;
› denkontwikkeling en ontluikend rekenen;
› motorische en creatieve ontwikkeling;
› persoonlijke en sociaal-emotionele ontwikkeling.

Daarnaast is het nuttig als de basisschool iets weet over de pedagogische uitgangspunten en de bejegening in de kinderopvang. Hoe ziet het pedagogisch aanbod eruit? Vanuit welke pedagogische beginselen werken jullie? Welke programma's en materialen gebruiken jullie? Hoe bereiden jullie de kinderen voor op de overgang naar het basisonderwijs? Breng daarom al deze zaken in jullie contact over het voetlicht.

Zeker als je met een vve-programma werkt, zijn afstemming, samenwerking en overleg geboden. Als kinderen te boek staan als 'doelgroepkind' (kind met een risico op een onderwijsachterstand als gevolg van onderstimulering in de thuissituatie) of 'zorgkind' (kind met extra ondersteuningsbehoeften als gevolg van aangeboren tekorten), dan ligt het voor de hand om een warme overdracht te organiseren met de ontvangende basisscholen.

BORGING

Standaard voor kindoverdracht naar basisonderwijs

Vaak spreken onderwijs- en kinderopvangpartijen onder regie van de gemeente af hoe ze kindinformatie overdragen. Dan wordt op lokaal niveau een standaard (een geheel van afspraken en spelregels) ontwikkeld voor deze overdracht. Door deze spelregels na te leven en zich aan de gemaakte afspraken te houden, kunnen de betrokken partijen de overdracht diep verankeren en borgen op gemeentelijk niveau. Zowel dagopvang als gastouderopvang kan hieraan meedoen.

KENNIS

Samenwerking tussen buitenschoolse opvang en basisonderwijs

De buitenschoolse opvang en het basisonderwijs kunnen samenwerken op verschillende terreinen:
› praktische afspraken maken over het gebruik van ruimtes;
› kennis delen en deskundigheid uitwisselen;
› een gezamenlijk aanbod ontwikkelen van deskundigheidsbevordering en bijscholing;
› samengaan in een integraal kindcentrum;
› nauwer gaan samenwerken in een brede school;
› dagarrangementen ontwikkelen en aanbieden;
› de tijden van onderwijs en opvang beter op elkaar laten aansluiten.

Bron: Schreuder e.a. (2011).

De buitenschoolse opvang onderhoudt een andere relatie met het basisonderwijs dan de dagopvang, omdat de kinderen wat ouder zijn en minder intensief gebruikmaken van de opvang. In de basisschoolleeftijd ligt het primaat van ontwikkeling en opvoeding meer bij de basisschool. Toch heeft ook de buitenschoolse opvang wel degelijk de plicht om een goede band te onderhouden met de basisschool. Als beide instanties hun expertise en krachten bundelen, kunnen ze de kwaliteit van beider aanbod versterken.

Leg verbindingen met de zorginstellingen

Sommige kinderen hebben extra begeleiding en ondersteuning nodig om te kunnen meedoen in de kinderopvang. Kinderopvangorganisaties kunnen relatief kleine zorgvraagstukken vaak zelf het hoofd bieden. Het is wel raadzaam om als organisatie goed na te denken over hoeveel je aankunt met kinderen die aangewezen zijn op extra ondersteuning. Hoe inclusief wil en kun je zijn? Wat heb je daarvoor nodig? Voorkom ad-hocbeleid bij de toelating van kinderen die extra zorg vragen. In *Samen verschillend. Pedagogisch kader diversiteit in kindercentra 0-13 jaar* (Van Keulen & Singer, 2012) lees je meer over de voorwaarden voor een inclusief kinderopvangbeleid, zoals een gezamenlijke cultuur waarin verbondenheid en het tegengaan van uitsluiting centraal staan, over het betrekken van alle partijen (niet alleen de zorgbehoevende) en over pedagogische methoden waarin aandacht voor diversiteit in brede zin geïntegreerd is.

In een goed functionerende kinderopvangorganisatie bieden de pedagogisch medewerkers idealiter een vorm van basiszorg, in samenwerking met hun leidinggevende. Concreet gaat het bij basiszorg onder meer om:
› problemen vroegtijdig signaleren;
› extra tijd en aandacht besteden aan individuele kinderen (een-op-eenbegeleiding);
› adviesgesprekken voeren met ouders;
› planmatig werken aan het verminderen van storend gedrag;
› werken volgens een protocol bij medicijngebruik;
› een passend aanbod hebben voor kinderen met een licht fysieke en/of gedragsmatige aandoening.

Kinderen met een extra ondersteuningsbehoefte kun je alleen de planmatige ondersteuning geven die ze nodig hebben als je daarvoor een handelingsgericht plan maakt. Dit doe je in overleg met de ouders. Laat het plan ook door hen goedkeuren. Monitor en evalueer het plan geregeld en betrek ook hier de ouders weer bij. Wat gaat goed? Wat kan beter? Zie je dat de situatie verbetert door het werken met een handelingsgericht plan?

Drie niveaus van zorg

Afhankelijk van hoeveel zorg kinderen nodig hebben, onderscheiden we zorg op drie niveaus:

> *basiszorg*: die kunnen pedagogisch medewerkers realiseren op de groep, in samenwerking met hun leidinggevende;
> *breedtezorg*: die kunnen pedagogisch medewerkers realiseren binnen de muren van de kinderopvang, met steun vanuit het basisonderwijs en/of zorg verlenende instellingen;
> *dieptezorg*: die kunnen alleen gespecialiseerde diensten en/of experts van buiten de kinderopvang realiseren.

Heeft een kind zorg nodig waarin de kinderopvangorganisatie niet kan voorzien? Dan zijn externe experts en middelen nodig. Bijvoorbeeld om passende opvang te bieden aan kinderen met ernstige fysieke of geestelijke beperkingen. Het is daarom goed om een 'sociale kaart' te hebben van het stelsel van zorgvoorzieningen, zodat je snel weet welke voorziening je voor welk vraagstuk kunt benaderen. Centraal in het lokale zorgstelsel rondom de kinderopvang staat het Centrum voor Jeugd en Gezin (CJG). Daar kun je terecht met vragen over gedrag, verzorging, opvoeding, groei, ontwikkeling, gezondheid, voeding en veiligheid. Ook verzorgen het CJG en aanpalende zorginstellingen (Bureau Jeugdzorg, GGD, Opvoedingspoli, MEE) interessante informatiebijeenkomsten en trainingen. Probeer een vast aanspreekpunt te regelen binnen het CJG, dan heb je een korte lijn voor dringende vragen.

Met adequate hulp van buiten lukt het vaak om kind en ouders in de kinderopvang te bieden wat nodig is. Toch is een kind soms beter af bij een gespecialiseerde organisatie. Kinderen met extra ondersteuningsbehoeften integreren in de reguliere kinderopvangpraktijk (vergelijkbaar met de Wet passend onderwijs voor het basisonderwijs) wordt nog niet landelijk geregeld en gefinancierd.

Baseer kindoverdracht naar zorginstellingen op systematische registratie

Om een reëel beeld te kunnen schetsen van een kind en zijn of haar thuissituatie, moet je de ontwikkeling van kinderen systematisch registreren, bijvoorbeeld met een kindvolgsysteem, waarmee pedagogisch medewerkers op vaste peilmomenten in kaart brengen hoe een kind zich ontwikkelt. Op basis van deze peilingen documenteer je die ontwikkeling systematisch in een kinddossier, waarin je ook bijhoudt hoe de gezinssituatie is en wat opvalt aan het gedrag van het kind. Dit kinddossier vormt een gedegen basis om de ontwikkeling van een kind zo nodig te bespreken met een externe zorgverlener. Een intern begeleider van een naburige of inpandige basisschool kan de kinderopvang helpen om de interne zorgstructuur te versterken en verbinding te leggen met de zorginstellingen. Op verschillende plaatsen in Nederland is dit de praktijk.

Leg verbindingen met het beroepsonderwijs

Samenwerking tussen de wereld van de kinderopvang en het (lokale) beroepsonderwijs is belangrijk, om verschillende redenen. De kinderopvang heeft de taak om leerwerkplekken te scheppen, en zo bij te dragen aan de kwaliteit van toekomstige pedagogisch medewerkers. Daarnaast dragen studenten bij aan het verbeteren van de pedagogische praktijk, omdat ze de nieuwste inzichten meenemen vanuit hun opleiding. Pedagogisch medewerkers en leidinggevenden kunnen ook lessen verzorgen in de beroepsopleiding. Dit kan op verzoek van de opleidingen of je kunt hier vanuit de kinderopvang zelf initiatief toe nemen.

Voor lerende kinderopvangorganisaties is het belangrijk dat ze stagiaires snel wegwijs kunnen maken in de pedagogische aanpak, de structuur en cultuur die daarbij horen. Maak een stagemap voor stagiaires en stel goede werkbegeleiders aan, die hen wegwijs maken.

Als leidinggevende ben je de schakel tussen de praktijk en de opleidingen. Zorg dat je erbij bent als nieuwe stagiaires geselecteerd worden. Je mag best hoge verwachtingen hebben en eisen stellen aan stagiaires. Neem een kandidaat alleen aan als je verwacht dat zij kan meedoen met de principes van de lerende organisatie, die jullie hebben omarmd.

Leg verbindingen met de wetenschap

Je kunt je organisatie en personeel op allerlei manieren op de hoogte houden van de meest recente wetenschappelijke kennis en inzichten, bijvoorbeeld door:

› populairwetenschappelijke vakbladen bij te houden;
› een leestafel in te richten met boeken en tijdschriften die je regelmatig ververst;
› om de beurt een relevant artikel te bespreken tijdens teambijeenkomsten;
› interessante congressen, lezingen of workshops te bezoeken;
› wetenschappers uit te nodigen voor een themabijeenkomst, studiedag of teamvergadering;
› onderzoek aan te vragen, dat een student uit het hoger onderwijs kan uitvoeren;
› mee te doen aan onderzoek op verzoek van een universiteit of hogeschool.

KENNIS

Cyclisch actieonderzoek doen

In actieonderzoek ontwikkelen professionals op een cyclische manier kennis over hun professionele handelen in de context van hun werk. Met die kennis proberen zij hun handelen of de context van hun handelen systematisch te verbeteren. Daarop voortbouwend komen zij weer tot nieuwe kennis. In de kinderopvang betekent actieonderzoek dat pedagogisch medewerkers een actieonderzoeksvraag formuleren vanuit een zorg, vraag of probleem van henzelf. Dat gebeurt meestal in kleine kerngroepjes. Ze gaan hiermee aan de slag in hun praktijk door

proberen, documenteren en reflecteren. Als leidinggevende bewaak je de kaders van dit actieonderzoek en let je op dat de thema's passen bij de visie van jullie organisatie.

Het werken met actieonderzoeksvragen is een cyclisch proces: de vraag wordt steeds duidelijker doordat de pedagogisch medewerkers ervaringen verzamelen. Ze merken wat werkt op hun groep. Ze reflecteren met elkaar over de uitkomsten en besluiten dan samen om de vraag te herformuleren of om een heel nieuwe vraag te formuleren.

Bronnen: Ponte (2012); Van Keulen (2013)

Doe actieonderzoek

Je kunt ook zelf onderzoek opzetten en uitvoeren. Actie-onderzoek is een kansrijk instrument om de professio-naliteit in de kinderopvang te vergroten. Het vertrekpunt bij actieonderzoek is een concreet en urgent probleem in de dagelijkse praktijk. Daarom draagt dergelijk onderzoek sterk bij aan de professionalisering van het personeel (zie ook hoofdstuk 8, *Professionaliseren: planmatig en borgend*) en stimuleert het een onderzoekende cultuur (zie hoofdstuk 10, *Cultuur opbouwen: open en veilig*). Actieonderzoek draagt bij aan de ontwikkeling van het team van professionals op de werkvloer, want de mede-werkers die meedoen aan het onderzoek:

› vergaren nieuwe kennis, inzichten en competenties in nieuwe pedagogische domeinen;
› versterken hun vermogen tot kritische reflectie;
› worden gestimuleerd tot een permanente leergierige houding;
› raken gemotiveerder om hun eigen pedagogische praktijk te verbeteren;
› worden trotser op hun werk en de manier waarop zij daarin functioneren;
› kunnen hun talenten exploreren en excelleren in een prikkelende leeromgeving.

Ruimte voor experimenteren

Een lerende organisatie maakt gebruik van ken-nis, maar produceert zelf ook kennis. Een lerende organisatie schept ruimte om te experimenteren. Hoe groot is die experimenteerruimte bij jullie?

Actieonderzoek draagt bij aan de ontwikkeling van kinderopvangorganisaties, want door actieonderzoek:

› ontstaat een goede balans tussen een denk- en doecultuur;
› wordt een eventuele 'eilandjescultuur' opengebroken;
› wordt het systematisch en planmatig handelen in teamverband verstevigd;
› ontstaat draagvlak voor inhoudelijke pedagogische vernieuwingen;
› wordt de innovatieve kracht van teams groter;
› ontstaat een cultuur waarin medewerkers elkaar aan-spreken op pedagogisch handelen;
› worden veranderingen diep verankerd in pedagogisch beleid.

KENNIS

Documenteren als instrument in actieonderzoek

Documenteren is een belangrijk onderdeel van actieonderzoek, zoals Van Keulen heeft be-schreven in *Denk groot, doe klein! Het kinder-centrum als democratische oefenplaats*. De pedagogisch medewerkers die het actieonder-zoek uitvoeren, maken hiermee activiteiten en belevenissen van kinderen zichtbaar in woord en beeld. Concrete manieren om te documenteren zijn:

› foto's maken;
› filmpjes maken;
› een logboek bijhouden;
› elkaar interviewen of de kinderen interviewen.

In de documentatie laat je zien:
› wat je hebt uitgevoerd;
› waarom je dat hebt gedaan;
› wat je hebt geleerd over de kinderen, de ouders en jezelf.

Zo wordt het pedagogisch proces toegankelijk en democratisch voor kinderen, ouders en col-lega's.

Bron: Van Keulen (2013).

Kenmerkend voor actieonderzoek is dat het hele team erbij betrokken wordt. Alle pedagogisch medewerkers leveren een bijdrage aan het actieonderzoek: door literatuur te lezen, gegevens aan te leveren, gesprekken te voeren met mensen binnen of buiten de organisatie of door een inter-ventie te doen. Een ander kenmerk van actieonderzoek is dat de actieonderzoekers erover communiceren met direct betrokkenen en andere belanghebbenden. Ze presenteren hun uitkomsten bijvoorbeeld aan de ouders of ze schrijven er een blog over op de website van de kinderopvangor-ganisatie. Zo raken de uitkomsten van het actieonderzoek verankerd in de organisatie. Dit alles ontstaat echter niet vanzelf. Een dergelijke onderzoekscultuur creëren, vergt zeker enkele jaren, en is vaak lastig op eigen kracht te rea-liseren. Daarom is het verstandig hierbij hulp in te schake-len van een externe expert, bijvoorbeeld een onderzoeker van een universiteit of hogeschool, of een adviseur.

Leidinggevende opleiden tot actieonderzoeker

Hoe kun je zorgen dat de cultuur van actieonderzoek wordt geborgd in de kinderopvang? Laat minimaal één medewerker binnen de organisatie (via het scholings- of professionaliseringsbeleid) opleiden tot actieonderzoeker. Misschien ben jij als leidinggevende hiervoor wel de aangewezen persoon. Kies voor kwalitatief goede scholing door een ervaren actieonderzoeker die de kinderopvang van binnen en van buiten kent. Dit kan een leidinggevende zijn, maar ook een opleidingsmanager, pedagogisch adviseur of stafpedagoog. Actieonderzoek is een krachtig instrument om duurzame ontwikkeling van de grond te krijgen, als het tenminste goed wordt uitgevoerd. Veel pedagogische onderwerpen uit het *Pedagogische kader* kunnen met actieonderzoek hun beslag krijgen in de praktijk.

Inspiratie

Kritische vriend: omgaan met diversiteit

In zijn pedagogisch beleidsplan zegt bso Het Kwetternest in te spelen op verschillen in behoeften tussen kinderen en rekening te houden met diversiteit. Maar wat komt daar in de praktijk nou precies van terecht? Om dat uit te zoeken wil Het Kwetternest zich graag eens kritisch laten toetsen op zijn aandacht voor diversiteit. De bso zoekt een geschikte persoon om dit te doen, een 'kritische vriend'. José, de leidinggevende, weet dat de oma van een van de kinderen heeft gewerkt als inspecteur kinderopvang bij de GGD. Ze vraagt deze oma of zij eens kritisch wil meedenken over de aansluiting tussen het pedagogisch diversiteitsbeleid en de uitvoering ervan. De oud-inspecteur ziet dit wel zitten en – in overleg met het team – spreken ze af dat ze een paar dagen gaat meelopen op de verschillende groepen. Aan de hand van een kijkwijzer zal ze bekijken hoe de pedagogisch medewerkers omgaan met aspecten van diversiteit. Ook de ouders worden op de hoogte gebracht van haar aanwezigheid op de groepen. De oud-inspecteur rapporteert haar bevindingen aan het team. Ze heeft inderdaad verschillen opgemerkt tussen beleid en praktijk. Een van de opvallendste is dat Het

Kwetternest heeft afgesproken rekening te houden met verschillen in speelleerbehoeften, omdat het ene kind na schooltijd nu eenmaal meer behoefte heeft aan georganiseerd spel dan het andere. In de praktijk blijkt echter dat de pedagogisch medewerkers zich vaak erg sturend opstellen, zowel verbaal als in hun houding. Het team is blij met deze observaties. Het beleid voor diversiteit hoeft dus niet aangepast te worden, maar de pedagogisch medewerkers moeten dit wel beter gaan naleven in de praktijk. Ze spreken af hun handelen hierop aan te passen en elkaar daar feedback op te geven. Het punt wordt opnieuw op de agenda gezet voor over een maand.

Meer lezen over verschillen in wat kinderen nodig hebben

› *Pedagogisch kader kindercentra 0-4 jaar*: hoofdstuk 3 (Ontwikkelen en leren van jonge kinderen)
› *Pedagogisch kader kindercentra 4-13 jaar*: hoofdstuk 4 (Leren en ontwikkelen)
› *Samen verschillend. Pedagogisch kader diversiteit in kindercentra 0-13 jaar*: hoofdstuk 1 (De basis)
› *Pedagogisch kader gastouderopvang*: hoofdstuk 3 (Spelen, leren en de wereld ontdekken)

Actieonderzoek naar aanbod in verticale groepen

Kinderdagverblijf Humpiedumpie wil een onderzoekende en kritische houding van de pedagogisch medewerkers stimuleren met de methode van actieonderzoek. Het vertrekpunt bij actieonderzoek is een concreet en urgent probleem in de dagelijkse praktijk. In dit geval is dat de gedeelde zorg van pedagogisch medewerkers of op hun verticale groepen alle kinderen van 0 tot 4 jaar wel evenredig aan bod komen. Ze hebben de indruk dat de baby's en dreumesen goed aan hun trekken komen, maar dat er te weinig tijd en aandacht is voor de peuters. Met behulp van een masterstudent pedagogiek formuleren ze dit probleem als onderzoeksvraag: In welke mate wordt in het pedagogisch aanbod rekening gehouden met de behoeften van kinderen in verschillende leeftijdsfasen? Welke aanbevelingen kunnen worden gedaan om beter in te spelen op leeftijdsverschillen? De bedoeling is dat het onderzoek adviezen oplevert om beter in te spelen op de verschillende ontwikkelbehoeften van kinderen.

Intellectueel samenwerken met kinderen

Sustained shared thinking is een periode van intensieve, intellectuele samenwerking tussen twee of meer personen (kinderen samen of kinderen en pedagogisch medewerker samen) om een probleem op te lossen, een concept te verduidelijken, activiteiten te evalueren of ervaringen uit te wisselen. Beide partijen leveren een actieve bijdrage aan het simultaan denken. Om volgens deze methode te kunnen werken, moeten pedagogisch medewerkers uiteenlopende interactievaardigheden beheersen, waarvoor vaak intensieve training en oefening nodig zijn.

Interactievaardigheid	Bijpassend gedrag of taaluiting
Afstemmen op het kind	Luister goed naar wat het kind zegt, observeer zijn of haar lichaamstaal en wat het kind doet
Oprechte belangstelling tonen	Geef expliciete aandacht, maak oogcontact, glimlach bemoedigend, knik bevestigend
Eigen beslissingen en keuzen van kinderen respecteren door ze uit te nodigen om zich nader te verklaren	Zeg dingen als: 'Kun je me er meer over vertellen?'
Vertellen over eigen ervaringen en voorkeuren	Vertel bijvoorbeeld dat jij het leuk vindt om te dansen op Spaanse muziek
Suggesties doen	'Ik denk dat je het leuk vindt om…'
Herhalen wat kinderen zeggen in andere woorden	'Dus je bedoelt dat…'
Kinderen herinneren aan eerdere uitspraken	'Gisteren zei je dat…, hoe denk je daar nu over?'
Kinderen uitdagen om verder te denken	'Stel je voor dat je er nu rode verf bij doet, welke kleur zou je dan krijgen?'
Alternatieve gezichtspunten bieden	'Misschien is het een idee om te beginnen met de kleine blokken in plaats van met de grote'
Speculeren	'Wat zou er gebeuren als Zwarte Piet hoogtevrees zou hebben? Zou hij dan ook pakjes in de schoorsteen doen?'
Wederkerige opmerkingen maken	'Wat fijn dat jij laarzen aan hebt bij het springen in de plassen. Als ik er nu in zou springen, zouden mijn voeten nat worden'
Open vragen stellen	Stel vragen die het kind uitnodigen tot spreken, zoals: 'Wat denk je? Hoe komt dat?'

Bron: Siraj-Blatchford (2005).

De kerngroep bestaat uit de leidinggevende, een aantal senior pedagogisch medewerkers en de student. Samen schrijven zij een onderzoeksverslag over de achtergrond, het verloop van het actieonderzoek, de keuzes die ze maken, en de opbrengsten, conclusies en aanbevelingen. Daarbij bedenken de professionals zelf de gewenste veranderingen in de praktijk, en ze voeren ze ook zelf uit.

Na dit traject kiezen ze ervoor om binnen de groep drie keer per week een aparte groepsactiviteit te organiseren voor de peuters (2-plussers). Daarbij willen ze gerichter aandacht gaan besteden aan de ontluikende taal- en rekenontwikkeling. Door literatuurstudie zijn ze *sustained shared thinking* op het spoor gekomen. Dat is een methode waarin pedagogisch medewerkers oefenen om meer diepgaande gesprekken te voeren met peuters.

PEDAGOGISCH KADER

Meer lezen over behoeften van kinderen van uiteenlopende leeftijden

› *Pedagogisch kader kindercentra 0-4 jaar*: hoofdstuk 3 (Ontwikkelen en leren van jonge kinderen). In hoofdstuk 10 (Dagritme en groepssamenstelling) wordt ook aandacht besteed aan het werken op horizontale en verticale groepen.

Dit idee valt heel goed in de organisatie, want de taal- en interactievaardigheden van de pedagogisch medewerkers zijn immers cruciaal voor de pedagogische kwaliteit. Het team wil hier zelf meteen mee gaan oefenen en leidinggevende Erwin belooft snel te kijken of er budget is om een training in deze methode te gaan volgen.

Samengevat

Een lerende kinderopvangorganisatie onderhoudt wederkerige relaties met het basisonderwijs, de zorginstellingen, het beroepsonderwijs en de wetenschap. Het basisonderwijs bouwt voort op het fundament van ontwikkeling dat de kinderopvang heeft gelegd. Om dat goed te kunnen doen, heeft de school relevante kindinformatie nodig. Alleen dan kan het onderwijs de doorlopende leerlijn doortrekken. Zorginstellingen zijn nodig als de kinderopvang zelf niet kan voldoen aan de ondersteuningsbehoeften van kinderen en hun ouders. Als leidinggevende moet je weten bij wie je moet aankloppen voor vragen en additionele hulpverlening: je moet de 'sociale kaart' kennen en weten te benutten. Ook het beroepsonderwijs is een belangrijke partner, omdat daar het toekomstig personeel wordt opgeleid. De lerende kinderopvang speelt hierbij een faciliterende rol (plek bieden aan stagiaires) en heeft ook een adviserende functie (wat moeten pedagogisch medewerkers weten en kunnen?). Stagiaires brengen nieuwe kennis en inzichten binnen in de kinderopvang.

Ten slotte is de wetenschap onderdeel van de grote omgeving waarbinnen de kinderopvang opereert. De wetenschap heeft de kinderopvang veel te bieden, en omgekeerd heeft de wetenschap de kinderopvang hard nodig om nieuwe inzichten op te doen. De wetenschappelijke stand van zaken volgen, de vakbladen lezen, interessant onderzoek bespreken, relevante bijeenkomsten bezoeken, meedoen aan onderzoek en initiatief nemen tot actieonderzoek in de eigen praktijk: het zijn allemaal krachtige instrumenten voor een lerende kinderopvangorganisatie, die meer kennis genereren en inzicht bieden in het eigen functioneren. Een team kan professioneler gaan functioneren als het zelf kennis gaat produceren via actieonderzoek.

Samenhang van de bouwstenen

De lerende organisatie wordt gevormd door elf bouwstenen die op elkaar ingrijpen. In dit boek zijn deze bouwstenen en de manier waarop ze zich tot elkaar verhouden, schematisch verbeeld in het model van de lerende organisatie (zie hoofdstuk 1). In hoofdstuk 3 tot en met 13 staat telkens een van deze bouwstenen centraal. De eerste paragraaf van die hoofdstukken gaat steeds over de samenhang met andere bouwstenen. Op deze manier laat dit boek overal zien hoe de bouwstenen van de lerende organisatie met elkaar samenhangen en elkaar versterken. De ene bouwsteen heeft de andere nodig om de pedagogische kwaliteit op een positieve manier te beïnvloeden. Hier vind je een overzicht van de samenhang tussen alle bouwstenen van de lerende organisatie.

Pedagogisch medewerkers

Deze bouwsteen wordt besproken in hoofdstuk 3. Medewerkers met een leergierige houding zijn voortdurend kritisch op de pedagogische kwaliteit en zoeken mogelijkheden om die kwaliteit stapje voor stapje te verbeteren. Een leergierige houding kan worden aangewakkerd door andere bouwstenen van de lerende organisatie, bijvoorbeeld door de manier waarop er met professionalisering wordt omgegaan (zie hoofdstuk 8). Een pedagogisch medewerker functioneert ook beter als de cultuur gericht is op het werken aan de pedagogische kwaliteit (zie hoofdstuk 10). De samenwerking en afstemming binnen het team (zie hoofdstuk 4) zijn eveneens belangrijk. Door pedagogisch leiderschap (zie hoofdstuk 5) te tonen, heeft de leidinggevende een grote invloed op het uitbreiden, verbreden en verdiepen van de competenties van de pedagogisch medewerkers.

Het team

Deze bouwsteen wordt besproken in hoofdstuk 4. Het teamleren kan een gezicht krijgen als het gefaciliteerd en gestuurd wordt door de leidinggevende (zie hoofdstuk 5). Tegelijk hangen monitoring en evaluatie (zie hoofdstuk 6) samen met het team, want het leren op teamniveau is te koppelen aan inhoudelijke onderwerpen die voortkomen uit de monitoring en evaluatie van je organisatie. Je visie, missie en doelen (zie hoofdstuk 11) kun je heel goed inhoud en vorm geven met teamleren. Dit draagt bij aan de open cultuur (zie hoofdstuk 10) die zo belangrijk is voor de lerende organisatie. Bij professionalisering (zie hoofdstuk 8) is het goed om stevig in te zetten op teamleren. Samen professionaliseren, innoveren en werken aan de pedagogische kwaliteit is de beste garanties voor succes.

Pedagogisch leiderschap

Deze bouwsteen wordt besproken in hoofdstuk 5. De leidinggevende is de spil in de lerende organisatie als het erom gaat de pedagogische kwaliteit te verbeteren en borgen. Ze is onmisbaar bij het werken aan de lerende organisatie en ze heeft invloed op alle bouwstenen. De leidinggevende krijgt de lerende organisatie echter niet alleen van de grond. Daarvoor heeft ze steun nodig van het management. Ze moet worden gefaciliteerd (zie hoofdstuk 2) om haar dragende rol te kunnen vervullen.

Monitoring en evaluatie

Deze bouwsteen wordt besproken in hoofdstuk 6. Door de bouwstenen van je lerende organisatie te monitoren en evalueren, krijg je een beeld van 'waar je staat'. Dit is je vertrekpunt en geeft een perspectief op 'waar je heen wilt'. Monitoring en evaluatie bieden kansen voor veranderingen, verbeteringen en vernieuwingen, en hangen dan ook sterk samen met de bouwstenen innovatie (zie hoofdstuk 7) en professionalisering (zie hoofdstuk 8).

Innovatie

Deze bouwsteen wordt besproken in hoofdstuk 7. Innovatie hangt samen met alle bouwstenen van de lerende organisatie. Toepassing van innovaties kan een positieve bijdrage leveren aan de pedagogische kwaliteit. Innovaties varen wel bij goede randvoorwaarden en facilitering (zie hoofdstuk 2). Bij het begeleiden van innovaties is de leidinggevende een belangrijke speler (zie hoofdstuk 5). Met monitoring en evaluatie (zie hoofdstuk 6) kun je innovaties op de voet volgen: leveren ze op wat je er van tevoren van had verwacht? Er is ook een samenhang met de visie, missie en doelen (zie hoofdstuk 11), want innovaties moeten die helpen uitdragen en realiseren. De structuur (zie hoofdstuk 9) en de cultuur (zie hoofdstuk 10) kunnen meer of minder stimulerend zijn voor innovatie. Om innovaties te kunnen doorvoeren is een team met professionele pedagogisch medewerkers nodig (zie de hoofdstukken 3 en 4 en 8). Bouwstenen uit de omgeving van het kindcentrum zijn eveneens gerelateerd aan innovaties. Veranderende wensen, behoeften en eisen van ouders (zie hoofdstuk 12) kunnen innovaties noodzakelijk maken. Ten slotte kunnen ook uit de contacten met het basisonderwijs, de zorginstellingen, het beroepsonderwijs en de wetenschap (zie hoofdstuk 13) redenen voortkomen die het nodig maken om te innoveren.

Professionalisering

Deze bouwsteen wordt besproken in hoofdstuk 8. Professionalisering hangt samen met alle bouwstenen van de lerende organisatie, want een organisatie kan zichzelf alleen lerend noemen als ze aan professionalisering doet. Met sommige bouwstenen is dit verband duidelijker dan met andere. De mate van facilitering (zie hoofdstuk 2) is van invloed op de frequentie en intensiteit van professionaliseringstrajecten. Er is ook een sterk verband met de visie, missie en doelen (zie hoofdstuk 11), want de gekozen professionalisering moet passen binnen de visie en missie van een organisatie en moet bijdragen aan het versterken van de pedagogische kwaliteit. Innovatie (zie hoofdstuk 7) gaat vaak gepaard met professionalisering van het team. Door constante professionalisering gaan pedagogisch medewerkers (zie hoofdstuk 3) en teams (zie hoofdstuk 4) beter functioneren.

Structuur

Deze bouwsteen wordt besproken in hoofdstuk 9. De structuur van de organisatie is een middel om je doel te verwezenlijken: hoge pedagogische kwaliteit bieden, waardoor kinderen zich goed kunnen ontwikkelen. Er lijkt vooral een samenhang te zijn met innovaties (zie hoofdstuk 7). De structuur van je organisatie kan het innovatief vermogen ervan bevorderen of juist belemmeren. Dit gaat ook op voor de cultuur (zie hoofdstuk 10). Een sterk hiërarchisch gestuurde organisatie vraagt bijvoorbeeld om veel formeel overleg. De medewerkers lopen dan tegen veel bureaucratie op, waardoor er weinig innovaties uit het team zelf komen. Ideaal gesproken werk je aan een structuur waarbinnen je doelgericht en systematisch kunt werken aan het verhogen van de pedagogische kwaliteit.

Cultuur

Deze bouwsteen wordt besproken in hoofdstuk 10. In een open en onderzoekende cultuur mogen fouten gemaakt worden en is het gewoon elkaar aan te spreken op gedrag. Monitoring en evaluatie (zie hoofdstuk 6) worden er niet zo zeer als bedreiging ervaren, maar gezien als instrumenten om de kwaliteit van het primaire proces te beïnvloeden. In een cultuur die ruimte laat voor autonomie en eigen verantwoordelijkheid van pedagogisch medewerkers, worden de visie, missie en doelen (zie hoofdstuk 11) van je organisatie gemeenschappelijk vormgegeven. In die cultuur is professionalisering (zie hoofdstuk 8) vanzelfsprekend aan de orde van de dag. Medewerkers zijn ervan doordrongen dat permanent (team)leren nodig is (zie de hoofdstukken 3 en 4).

Visie, missie en doelen

Deze bouwsteen wordt besproken in hoofdstuk 11. De visie, missie en doelen vormen het fundament van de organisatie. Innovaties (zie hoofdstuk 7) worden zo gekozen dat ze hierbij passen. De structuur van de lerende

organisatie (zie hoofdstuk 9) biedt het handelingskader waarbinnen je de visie, missie en doelen concreet invult. Bij die concretisering is het verstandig om de praktische inhoud zo veel mogelijk uit de pedagogisch medewerkers te laten komen (bottom-up), uiteraard binnen afgesproken kaders. Een lerende organisatie die de geformuleerde visie, missie en doelen hoog in het vaandel draagt, maakt deze in haar cultuur (zie hoofdstuk 10) ook zichtbaar voor kinderen, ouders en andere stakeholders.

Partnerschap met ouders

Deze bouwsteen wordt besproken in hoofdstuk 12. Met ouders trek je intensief op om de opvoeding en ontwikkeling van kinderen in goede banen te leiden. Ouders vormen met hun kinderen ook de gebruikers van de kinderopvang, zij nemen de diensten ervan af. Als hun wensen, behoeften en eisen veranderen, moet je de bouwstenen van de lerende organisatie wellicht anders gaan inrichten. Hoe ouders denken over de kwaliteit van het pedagogisch aanbod kan blijken uit monitoring en evaluatie (zie hoofdstuk 6). Het kan nodig zijn te innoveren (zie hoofdstuk 7) en te professionaliseren (zie hoofdstuk 8) om de ouders en hun kinderen beter te bedienen.

Relatie met ketenpartners

Deze bouwsteen wordt besproken in hoofdstuk 13. De kinderopvang staat in relatie tot verschillende ketenpartners uit de omgeving. Ouders zijn je belangrijkste partners (zie hoofdstuk 12). De leidinggevende is de meest aangewezen persoon om relaties met de overige ketenpartners uit de buitenwereld aan te gaan (zie hoofdstuk 5). In wederkerige relaties met basisonderwijs, zorginstellingen, beroepsonderwijs en wetenschap kun je tot het inzicht komen dat je moet innoveren (zie hoofdstuk 7). Als je een professionaliseringtraject start om de medewerkers de juiste competenties te bieden (zie hoofdstuk 8), zoek je expertise of schakel je experts in van buiten de organisatie. Dan kom je in aanraking met het beroepsonderwijs en inzichten uit de wetenschap. Veranderende eisen vanuit het beroepsonderwijs hebben gevolgen voor kinderopvangorganisaties, en wetenschappelijk onderzoek kan scholingsbehoeften blootleggen bij pedagogisch medewerkers en leidinggevenden. Met actieonderzoek kun je heel gericht de pedagogische kwaliteit verbeteren, en daarbij het hele team betrekken.

Literatuur

A

Admiraal, W., Akkerman, S.F. & R. de Graaff (2012). How to foster collaborative learning in communities of teachers and student teachers. Introduction to a special issue. *Learning Environments Research*, 15(3), pp. 273-278.

Algera, M., Boonstra, M., Rietdijk, S. & L. van Dijk (2011). *Professionalisering in de VVE: effectiviteitskenmerken.* CED-Groep, Rotterdam.

Alten, J. van, Kooiman, A. & M. Rondeel (2012). Breng leercultuur in de praktijk! *Tijdschrift voor Ontwikkeling in Organisaties*, 9, pp. 88-93.

B

Benammar, K., Schaik, M. van, Sparreboom, I., Vrolijk, S. & O. Wortman (2006). *Reflectietools.* Lemma, Den Haag.

Bennett, J.K. & M. O'Brien (1994). The building blocks of the learning organization. *Training*, 31(6), pp. 41-48.

Berkhout, M., Poel, P.E.F., Heuts, L. & M. Gemmeke (2009). *Marktwerking in de kinderopvang.* Regioplan Beleidsonderzoek, Amsterdam.

Bohm, D. (1995). *Unfolding meaning.* Foundation House, Loveland, CO.

Boogaard, M., Daalen-Kapteijns, M. van, Gevers Deynoot-Schaub, M., Schreuder, L., Meij, H. & T. Pennings (2012). *Kwaliteitsmonitor BSO. Een instrument waarmee de buitenschoolse opvang de eigen kwaliteit kan meten.* Kohnstamm Instituut/NJi/SWP, Amsterdam.

Boogaard, M., Hoex, L., Daalen, M. van & M. Gevers (2013). *Pedagogisch kader gastouderopvang.* Reed Business Education, Amsterdam.

Boonstra, M. & IJ. Jepma (2013). *De kinderopvang op weg naar een lerende organisatie. Interactief praktijkonderzoek naar elf lerende organisatie projecten in de kinderopvang.* CED-Groep/Sardes, Rotterdam/Utrecht.

Brandt, R. (2003). Is this school a learning organization? 10 ways to tell. *Journal of Staff Development*, 24(1), pp. 10-16.

C

Cauwels, V., Frederickx, K., Schepper, B. de & K. van Laere (2012). Wa=Wanda? Hoe waarderende praktijkanalyse een meerwaarde is voor kinderopvang. *Tijdschrift voor Welzijnswerk*, 36(328), pp. 36-45.

CMO (2010). *Kinderopvang, schakel in de jeugdketen.* Centrum voor Maatschappelijke Ontwikkeling, Groningen.

D

Dalin, P. (1989). *Organisatieontwikkeling in school & onderwijs.* Samsom, Alphen aan den Rijn.

Deci, E.L. & R.M. Ryan (1985). *Intrinsic motivation and self-determination in human behavior.* Plenum Press, New York.

Deming, W.E. (1950). *Elementary principles of the statistical control of quality.* JUSE, Tokio.

Derksen, K., Geerdink, J. & M. Rondeel (2003). Lerend vormgeven aan veranderingen. *HRD Thema*, 1, pp. 37-48.

Devos, B. (2006). Ouderbetrokkenheid: je oogst wat je zaait. *Kiddo*, 2, pp. 24-27.

DuFour, R.P. (1997). The school as a learning organization. Recommendations for school improvement. *NASSP Bulletin*, 81(588), pp. 81-87.

E

Epstein, J.L. (2001). *School, family and community partnerships. Preparing educators and improving schools.* Westview Press, Boulder, CO.

Ertmer, P.A. & T.J. Newby (1996). The expert learner. Strategic, self-regulated, and reflective. *Instructional Science*, 24(1), pp. 1-24.

F

Fukkink, R.G., Gevers Deynoot-Schaub, M.J.J.M., Helmerhorst, K.O.W., Bollen, I. & J.M.A. Riksen-Walraven (2013). *Pedagogische kwaliteit van de kinderopvang voor 0- tot 4-jarigen in Nederlandse kinderdagverblijven in 2012.* Nederlands Consortium Kinderopvang Onderzoek/Universiteit van Amsterdam/Kohnstamm Instituut/Radboud Universiteit Nijmegen, Amsterdam/ Nijmegen.

Fukkink, R.G. & A. Lont (2007). Does training matter? A meta-analysis and review of caregiver training studies. *Early Childhood Research Quartery*, 22, pp. 294-311.

Fukkink, R.G., Trienekens, N. & L.J.C. Kramer (2011). Video feedback in education and training. Putting learning in the picture. *Educational Psychological Review*, 23, pp. 45-63.

Fullan, M. (1995). The school as learning organization. Distant dreams. *Theory into Practice*, 34(4), pp. 230-235.

G

Garavan, T. (1997). The learning organization. A review and evaluation. *The Learning Organization*, 4(1), pp. 18-29.

Garvin, D.A., Edmondson, A.C. & F. Gino (2008). Is yours a learning organization? *Harvard Business Review*, 86(3), pp. 109-117.

Gevers Deynoot-Schaub, M., Fukkink, R., Riksen-Walraven, M., Kruif, R. de, Helmerhorst, K. & L. Tavecchio (2009). *De NCKO-Kwaliteitsmonitor. Het instrument waarmee kinderdagverblijven zelf hun pedagogische kwaliteit in kaart kunnen brengen.* SWP, Amsterdam.

Giesecke, J. & B. McNeil (2004). Transitioning to the learning organization. *Library Trends*, 53(1), pp. 54-67.

Goleman, D. (2000). Leadership that gets results. *Harvard Business Review*, 3, pp. 82-83.

Goleman, D. (2004). *Emotionele intelligentie. Emoties als sleutel tot succes.* Olympus, Amsterdam.

Goudswaard, M. & V. Vergunst (2013). *Peuterstappen.* CED-Groep, Rotterdam.

Goudswaard, M. & V. Vergunst-Duijnhouwer (2011). *Alles is data. Werken met data in de klas.* CED-Groep, Rotterdam.

Groen, M. (2006). *Reflecteren: de basis. Op weg naar bewust en bekwaam handelen.* Noordhoff Uitgevers, Groningen.

H

Hattie, J. & H. Timperley (2007). The power of feedback. *Review of Educational Research*, 77(1), pp. 81-112.

Henrichs, L. (2010). *Academic language in early childhood interactions. A longitudinal study of 3- to 6-year-old Dutch monolingual children.* Universiteit van Amsterdam, Amsterdam.

Hersey, P. (2011). *Situationeel leiding geven.* Business Contact, Amsterdam.

Huybers, M. (2010). *Hoe-boek voor de trainer.* Thema, Zaltbommel.

Huysman, M. (2000). An organizational learning approach to the learning organization. *European Journal of Work and Organizational Psychology*, 9(2), pp. 133-145.

I

Imants, J. (2010). *Beter leren door leiderschap. Naar een doorstart voor onderwijskundig leiderschap.* Hogeschool Edith Stein/Onderwijscentrum Twente/Expertis Onderwijsadviseurs, Hengelo.

Isaacs, W. (1999). *Dialogue and the art of thinking together.* Currency/Doubleday, New York.

J

Janssen, J. (1999). *Interventies in lerende scholen.* Samsom, Alphen aan den Rijn.

Literatuur

Jashapara, A. (2003). Cognition, culture and competition. An empirical test of the learning organization. *The Learning Organization*, 10(1), pp. 31-50.

Jensen, P.E. (2005). A contextual theory of learning and the learning organization. *Knowledge and Process Management*, 12(1), pp. 53-64.

Jepma, IJ. & M. Boonstra, m.m.v. O. Abell (2013). De *lerende organisatie in de kinderopvang. Werken aan verankering en borging*. Sardes/CED-Groep, Utrecht/Rotterdam.

Jepma, IJ., Muller, P. & L. van der Bolt (2013). *De verbindende schakel. Praktijkonderzoek naar de inzet van de intern begeleider in de voorschool*. Sardes, Utrecht.

Jutten, J. (2007). Systeemdenken in de klas. Hefboom voor boeiend onderwijs. *In de Klas*, 22, pp. 3-10.

K

Kamminga, E., & F. van der Vloed (2009). *Verbindend veranderen in het onderwijs*. CPS, Amersfoort.

Kamphuis, E. & K. Vernooy (2011). Feedback geven. Een sterke leerkrachtvaardigheid. *Basisschool Management*, 7, pp. 4-9.

Keulen, A. van (2013). *Denk groot, doe klein! Het kindercentrum als democratische oefenplaats*. SWP, Amsterdam.

Keulen, A. van & A. del Barrio Saiz (2010). *Permanent leren. Van zelfreflectie naar teamreflectie*. SWP, Amsterdam.

Keulen, A. van & E. Singer (2013). *Ieder kind een eigen verhaal. Samen verschillend in kindercentra*. Reed Business Education, Amsterdam.

Keulen, A. van & E. Singer, m.m.v. Barrio Saiz, A. del & C. de Leve (2012). *Samen verschillend. Pedagogisch kader diversiteit in kindercentra 0-13 jaar*. Reed Business, Amsterdam.

Kline, P. & B. Saunders (1993). *Ten steps to a learning organization*. Great Ocean, Arlington, VI.

Kolb, D.A. (1981). Learning styles and disciplinary differences. In: W. Chickering, *The modern American college* (pp. 232-255). Jossey-Bass, San Francisco.

Koops, K. (2009). *Innoveren kan beter. Welke factoren zijn bepalend?* Eburon, Delft.

Korthagen, F., Koster, B., Melief, K. & A. Tigchelaar (2002). *Docenten leren reflecteren. Systematische reflectie in de opleiding en de begeleiding van leraren*. Nelissen, Soest.

Korthagen, F. & A. Vasalos (2005). Levels in reflection. Core reflection as a means to enhance professional growth. *Teachers and Teaching*, 11(1), pp. 47-71.

Koster, M. de, Liebrecht, M., Reincke, J. & L. Vonk (2013). *Kinderstad op weg als professionele leergemeenschap. Doe niet meer, maar doe het anders*. Fontys Hogeschool Pedagogiek, Tilburg.

L

Laere, K. Van, Devos, B., Schepper, B. De & E. Rutgeerts (eds.) (2012). *Wa=Wanda?* VBJK/Artevelde Hogeschool/ESF, Gent.

Lange, J. de, Feijs, E., Munk, F., Broekhof, K. & H. Cohen de Lara (2013). *Speel Goed. Op ontdekking met je spelende kind*. Sardes i.s.m. Zwijsen, Utrecht/Tilburg.

Liefhebber, S. & A. Kooiman (2011). *Van opleiden naar leren, van veranderen naar verankeren*. Movisie, Utrecht.

Linssen, T. (2006). Communiceren kun je leren. *Management Kinderopvang*, 5, pp. 24-25.

M

Maatschap Van Duuren, Van Zuylen & partners (2011). *Z'evenZien. Methodiek voor ontwikkelingsgericht werken met kinderen*. SKA, Alphen aan de Rijn.

Malavasi, L. & B. Zoccatelli (2013). *Documenteren voor jonge kinderen*. SWP, Amsterdam.

McCall, M., Lombardo, M.M. & R.W. Eichinger (1996). *The career architect development planner*. Lominger, Minneapolis.

Minzberg, H. (2006). *Organisatiestructuren*. Pearson Education Benelux, Amsterdam.

N

Nikken, P., Bontje, D., Abell, O. & S. Verweij (2013). *Speel Digiwijs! Samen aan de slag met media voor jonge kinderen.* Zwijsen, Tilburg.

O

Oosterman, J., Odenthal, L. & A. Verhoeven (2006). *Lerend veranderen. Handreikingen voor scholen op weg naar een lerende school.* CPS, Amersfoort.

Ord, K., Mane, J., Smorti, S., Carroll-Lind, J., Robinson, L., Armstrong-Read, A., Brown-Cooper, P., Meridith, E., Rickard, D. & J. Jalal (2013). *Developing educational leadership in early childhood education.* NZ Childcare Association, Wellington.

Örtenblad, A. (2004). The learning organization. Towards an integrated model. *Learning organization,* 11(2), pp. 129-144.

P

Peeters, J. (2008). *The construction of a new profession. A European perspective on professionalism in early childhood education and care.* SWP, Amsterdam.

Piët, S. (2005). *Het communicatie denkboek.* Pearson EducationBenelux, Amsterdam.

Ponte, P. (2012). *Onderwijs en onderzoek van eigen makelij. Onderzoek met en door leraren.* Boom Lemma, Amsterdam.

R

Revans, R. (2011). *ABC of action learning.* Gower, Farnham.

Ritzen, H. (1998). *Werken in een lerende schoolorganisatie.* Nelissen, Baarn.

Roetman, A. (2011). Professionaliteit opnieuw uitvinden. *Beleid Bestuur Management & Pedagogiek in de Kinderopvang,* 11, pp. 21-23.

Rogers, E.M. (2003). *Diffusion of innovations.* Free Press, New York/London/Toronto/Sydney.

S

Scharmer, C.O. (2010). *Theorie U. Leiding vanuit de toekomst die zich aandient.* Christofoor, Zeist.

Schein, E.H. (1992). *Organizational culture and leadership.* A dynamic view. Jossey-Bass, San Francisco.

Schön, D.A. (1983). *The reflective practioner. How professionals think in action.* Basic Books, New York.

Schreuder, L., Boogaard, M., Fukkink, R. & J. Hoex (2011). *Pedagogisch kader kindercentra 4-13 jaar. Springplank naar een gefundeerde aanpak in de buitenschoolse opvang.* Reed Business, Amsterdam.

Schunk, D.H. & B.J. Zimmerman (1998). *Self-Regulated Learning. From teaching to self-reflective practice.* Guilford Press, New York.

Senge, P.M. (1992). *De vijfde discipline. De kunst en praktijk van de lerende organisatie.* Scriptum Books, Schiedam.

Senge, P.M., Cambron-McCabe, N., Lucas, T., Smith, B., Dutton, J. & A. Kleiner (2001). *Lerende scholen. Het vijfde discipline-handboek voor onderwijzers, ouders en iedereen die betrokken is bij scholing.* Academic Service, Schoonhoven.

Senge, P.M., Kleiner, A., Roberts, C., Ross, R.B. & B.J. Smith (1995). *Het vijfde discipline praktijkboek. Strategieën en instrumenten voor het bouwen van een lerende organisatie.* Academic Service, Schoonhoven.

Shute, V. (2008). Focus on formative feedback. *Review of Educational Research,* 78(1), pp. 153-189.

Singer, E. & D. de Haan (2013). *Speels, liefdevol en vakkundig. Theorie over ontwikkeling, opvoeding en educatie van jonge kinderen.* SWP, Amsterdam.

Singer, E. & L. Kleerekoper (2009). *Pedagogisch kader kindercentra 0-4 jaar.* Elsevier gezondheidszorg, Maarssen.

Siraj-Blatchford, I. & L. Manni (2006). *Effective Leadership in the Early Years Sector (ELEYS) Study.* University of London/Institute of Education, Londen.

Siraj-Blatchford, I. (2005). *Quality interactions in the early years.* Cardiff: TACTYC Annual Conference Birth to Eight Matters! Seeking Seamlessness. Continuity? Integration? Creativity?

Slot, P. & P. Leseman (2011). Over structurele kwaliteit en proceskwaliteit. De missing link: een competent team. *Beleid Bestuur Management & Pedagogiek*, 10, pp. 36-39.

Smit, F., Driessen, G., Sluiter, R. & M. Bus (2007). *Ouders, scholen en diversiteit. Ouderbetrokkenheid en -participatie op scholen met veel en weinig achterstandsleerlingen.* ITS/Radboud Universiteit, Nijmegen.

Stevens, L.M. (2004). *Zin in school.* CPS, Amersfoort.

Strien, P.J. van (1986). *Praktijk als wetenschap. Methodologie van het sociaal-wetenschappelijk handelen.* Van Gorcum, Assen.

Swieringa, J. & A.F.M. Wierdsma (1992). *Op weg naar een lerende organisatie. Over het leren en opleiden van organisaties.* Noordhoff Uitgevers, Groningen.

Swieringa, J. & A.F.M. Wierdsma (2011). *Lerend organiseren en veranderen.* Noordhoff Uitgevers, Groningen.

U

Urban, M. (2008). Dealing with uncertainty. Challenges and possibilities for the early childhood profession. *European Early Childhood Education Research Journal,* 16(2), pp. 135-152.

Urban, M., Vandenbroeck, M., Peeters, J., Lazzari, A. & K. van Laere (2011). *CoRe competence requirements in early childhood education and care. Report for European Commission.* DG Education and Culture.

V

Verbiest, E. (2008). *Scholen duurzaam ontwikkelen. Bouwen aan professionele leergemeenschappen.* Garant, Apeldoorn.

Visser, P. (2013). *Angst of liefde? Dat is de vraag...* Uitgegeven in eigen beheer, verkrijgbaar via info@effectieve dialoog.nl, Sneek.

Vroemen, M., Wagenaar, S. & M. Dresen (2011). *Samen leren in onderwijsteams. Een praktische handleiding.* Open Universiteit/Ruud de Moor Centrum, Heerlen.

Vygotsky, L.S. & M. Cole (1978). *Mind in society. The development of higher psychological processes.* Harvard University Press, Cambridge.

W

Watkins, K.E. & V.J. Marsick (1993). *Sculpting the learning organization. Lessons in the art and science of systemic change.* Jossey-Bass, San Francisco.

West, P. (1994). The learning organization: losing the luggage in transit? *Journal of European Industrial Training,* 18(11), pp. 30-38.

Wet kinderopvang en kwaliteitseisen peuterspeelzalen (2004).

Wetenschappelijk Raad voor het Regeringsbeleid (2013). *Naar een lerende economie. Investeren in het verdienvermogen van Nederland.* WRR/Amsterdam University Press, Den Haag/Amsterdam.

Wick, C.W. & L.S. Leon (1995). From ideas to action. Creating a learning organization. *Human Resource Management,* 34(2), pp. 299-311.

Wierdsma, A. & J. Swieringa (2011). *Lerend organiseren en veranderen.* Noordhoff Uitgevers, Groningen.

Wieringen, A.M.L, van, Ax, J., Karstanje, P. & J.C. Voogt (2004). *Organisatie van scholen.* Garant, Antwerpen-Apeldoorn.

Y

Yang, B., Watkins, K.E. & V.J. Marsick (2004). The construct of the learning organization. Dimensions, measurement, and validation. *Human Resource Development Quarterly,* 15(1), pp. 31-55.

Yeo, R.K. (2005). Revisiting the roots of learning organization. A synthesis of the learning organization literature. *The Learning Organization,* 12(4), pp. 368-382.

Z

Zimmerman, B.J., Bonner, S. & R. Kovach (1996). *Developing self-regulated learners. Beyond achievement to self-efficacy.* American Psychological Association, Washington.

Literatuur

Geraadpleegde websites

www.tactyc.org.uk/pdfs/2005conf_siraj.pdf: presentatie *Quality interactions in the early years* op TACTYC Annual Conference Birth to Eight Matters! Seeking Seamlessnes. Continuity? Integration? Creativity?

http://wetten.overheid.nl/BWBR0017017: Wet van 9 juli 2004 tot regeling met betrekking tot tegemoetkomingen in de kosten van kinderopvang en waarborging van de kwaliteit van kinderopvang (Wet kinderopvang).

www.digidreumes.nl: website over mediaopvoeding met informatie voor ouders en ondersteuning en training voor pedagogisch medewerkers. Doel is educatief verantwoorde inzet van media, als eigentijdse aanvulling op het 'echte' spelen en de thema's in de kinderopvang.

www.hetspeelgoedboek.nl: website bij het boek *Speel goed. Op ontdekking met je spelende kind* (Sardes i.s.m. Zwijsen, 2013)

www.kivaschool.nl: website over een bewezen effectief programma om pesten te voorkomen en op te lossen.

www.mediaopvoeding.nl: website waarop deskundigen antwoord geven op vragen van ouders en professionals over media en mediagebruik door kinderen (0-18 jaar).

www.mediasmarties.nl: website met informatie over de inhoud en geschiktheid van mediaproducten als televisieprogramma's, (bioscoop)films, online games, video games, apps en websites voor kinderen tussen de 1,5 tot en met 11 jaar.

www.nji.nl: website van het Nederlands Jeugdinstituut, die onder meer informatie biedt over steun aan ouders vanuit de kinderopvang. Ook vind je op deze website adviezen over opvoedingsondersteuning en ontwikkelingsstimulering.

www.pedagogischkader.nl: website over de Pedagogische kaders voor kindercentra 0-4 en 4-13 jaar, gastouderopvang en diversiteit en de lerende organisatie. Met downloads, materialen en praktijkverhalen.

www.stichtingbkk.nl: website van Bureau Kwaliteit Kinderopvang met onder meer meer informatie over de (pilots) lerende organisatie in de kinderopvang.

Dankwoord

Dit boek ligt er dankzij de steun en medewerking van vele organisaties en hun medewerkers. In de eerste plaats danken we Bureau Kwaliteit Kinderopvang (BKK). Met financiering van het ministerie van Sociale Zaken en Werkgelegenheid (SZW) heeft BKK de afgelopen jaren geïnvesteerd in het verspreiden van het gedachtegoed van de lerende organisatie in de kinderopvang. In 2012 hebben elf kinderopvangorganisaties deelgenomen aan de BKK-pilot 'Lerende organisatie in de kinderopvang'. De CED-Groep en Sardes hebben interactief praktijkonderzoek gedaan naar de uitkomsten van deze pilot, en later ook vervolgonderzoek naar hoe de werkwijzen en opbrengsten ervan in de deelnemende kinderopvangorganisaties zijn verankerd en geborgd.

Veel dank gaat uit naar de kinderopvangorganisaties die met hun projecten aan de BKK-pilot hebben meegedaan. We waarderen de inzet van hun projectleiders, leidinggevenden en pedagogisch medewerkers hierbij zeer en bedanken hen voor hun bereidheid de onderzoekers te ontvangen en openhartig te vertellen over de manieren waarop zij in hun team werken aan de ontwikkeling van jonge kinderen. Zij hebben het mogelijk gemaakt om de opgedane kennis en ervaringen met de lerende organisatie uit te werken in dit boek, waarmee nu de hele kinderopvangsector zijn voordeel kan doen:
› De Hoepel (Apeldoorn);
› De Keet (Waarland);
› De Kleine Wereld (Berkel-Enschot);
› Fides (Gemert-Bakel);
› Kinderopvang Humanitas (Heerlen);
› 't Kickertje (Den Hoorn);
› KinderRijk (Amstelveen/Amsterdam);

› Okidoki ('s-Gravenzande);
› Partou (Amsterdam);
› SKSG (Groningen);
› Tinteltuin (Zaandam/Amsterdam).

De namen van alle betrokkenen in deze kinderopvangorganisaties staan vermeld in de eerdere onderzoeksrapporten, die te vinden zijn op de website van BKK: www.stichtingbkk.nl.

Om dit praktijkboek te kunnen maken, is ook gesproken met deskundigen die actief zijn in de kinderopvangsector en/of bijzondere expertise hebben over de lerende organisatie:
› Ana del Barrio Saiz (Ana del Barrio Training & Consulting);
› Peter Fekkes (Nan Cuna);
› Welmoed van der Goot (De Japanse Tuin);
› Anke van Keulen (Bureau MUTANT);
› Margôt Koekkoek (Margôt Koekkoek advies);
› Jan Peeters (VBJK, Universiteit Gent);
› Judith Reincke (Fontys Pedagogiek);
› Ite Smit (Alliantie Academie);
› Ellen Somson (Excelleren.nu);
› Annette van Valkengoed (Laterna Magica);
› Eric Verbiest (Samen Wijs, Universiteit Antwerpen);
› Liesbeth Vonk (Fontys Kind & Educatie en Pedagogisch Management Kinderopvang).

Daarnaast zijn de opzet en de inhoud van dit boek uitvoerig besproken met de Begeleidingscommissie Lerende Organisatie van BKK, die wordt gevormd door:
› Jeanne Buitenhuis, voormalig bestuurder van een kinderopvangorganisatie en adviseur;

› Marjolein Caniëls, hoogleraar Organizational Learning Netherlands Laboratory for Lifelong Learning Faculty of Management Sciences van de Open Universiteit, Heerlen;
› Paul Leseman, hoogleraar orthopedagogiek bij de Faculteit Sociale Wetenschappen, Pedagogiek, Universiteit Utrecht;
› Jan Peeters, algemeen directeur van de VBJK (Vernieuwing in de Basisvoorziening voor Jonge Kinderen), Universiteit Gent;
› Yvonne Schubad, staffunctionaris ontwikkeling en kwaliteit bij SKPC, Culemborg.

Al deze gesprekken hebben geholpen om voor dit boek de juiste structuur te vinden, de juiste inhoud te selecteren, een balans te vinden tussen theorie en praktijk, en – *last, but not least* – te bepalen hoe we de effecten en opbrengsten van de lerende organisatie het beste over het voetlicht konden brengen. We danken allen hiervoor hartelijk.

Ten slotte bedanken we de fotografen Ruben Keestra, Rodney Kersten en Ed Selhorst voor het hergebruik van hun foto's uit eerdere uitgaven van het Pedagogisch kader en kindercentrum 't Kickertje voor de foto's van hun activiteiten in het kader van de BKK-pilot Lerende organisatie.

We hopen van harte dat dit boek de kinderopvang inspireert en enthousiasmeert om met het concept van de lerende organisatie de pedagogische kwaliteit verder te verhogen.

Over de auteurs

Dr. Marije Boonstra is ontwikkelingspsycholoog en werkt als senior onderzoeker en ontwikkelaar bij de CED-Groep. Ze is coördinator van het Kenniscentrum Begrijpend Lezen. Daarnaast ligt haar expertise op het gebied van de relatie tussen brein en leren, kinderopvang en voor- en vroegschoolse educatie, wetenschap en techniek onderwijs, en onderzoekend en ontwerpend leren. Ze is (mede)auteur van diverse artikelen in vakbladen en internationale tijdschriften, van vele onderzoeksrapporten en van het boek *Breinsleutels* (CED-Groep, 2013).

Dr. IJsbrand Jepma is senior onderzoeker en adviseur bij Sardes op het gebied van voor- en vroegschoolse educatie, de harmonisatie van kinderopvang en peuterspeelzaalwerk, de brede school, onderwijsachterstandenbeleid en passend onderwijs. Hij is (mede)auteur van onder meer *De verbindende schakel. Praktijkonderzoek naar de intern begeleider in de voorschool* (Sardes, 2013) en *Het jonge kind 360°*.

Elf columns over het jonge kind en voor- en vroegschoolse educatie (Sardes, 2014).

Samen met **drs. Olga Abell** (adviseur en onderzoeker taalontwikkeling en ontwikkelingsstimulering bij Sardes) voerden Marije Boonstra en IJsbrand Jepma het praktijkgericht begeleidend onderzoek uit naar de BKK-pilot Lerende organisatie (*De kinderopvang op weg naar een lerende organisatie. Interactief praktijkonderzoek naar elf lerende organisatie projecten in de kinderopvang*, 2013). Ook deden zij vervolgonderzoek naar de verantwoording en borging van de opbrengsten van deze pilotprojecten (*Lerende organisaties in de kinderopvang. Werken aan verankering en borging*, 2013).

Drs. Susanne de Kruif en **drs. Esmeralda Sweeris** (beiden adviseur bij de unit Jonge kind van de CED-Groep) ondersteunden de auteurs bij de totstandkoming van dit boek.

Printed in the United States
By Bookmasters